ALLES AUS SCHOKOLADE

ALLES AUS SCHOKOLADE

Kirsten Tibballs

DK

Für meinen Sohn Charlie

Inhalt

Schokoladen-Liebe

Es ist kein Geheimnis, dass ich eine Schwäche für Schokolade habe – im Grunde liebe ich sie schon mein Leben lang. Sie schmeckt nicht nur unvergleichlich gut, man kann mit ihr auch wahre Wunder vollbringen. Ich kenne keine schönere Zutat, und ich finde, man kann sie zu jeder Tages- und Nachtzeit genießen. Das möchte ich mit diesem Buch beweisen. Und ich möchte jede Menge Ideen liefern, um die Möglichkeiten von Schokolade zu erkunden, Köstlichkeiten zu kreieren und zu genießen – wann immer Ihnen danach ist.

Der Grundstein für diese Rezeptsammlung wurde gelegt, als ich gerade einmal zwölf Jahre alt war. Während andere sich für Naturwissenschaften, Sport oder Jungs interessierten, werkelte ich in der Küche vor mich hin. Kochen und andere Menschen zu verwöhnen war für mich ein wichtiges Ventil, zumal ich damals mit einer Essstörung zu kämpfen hatte. Noch bevor ich 13 Jahre alt war, nahm ich Aufträge an und backte jedes Wochenende ein Dutzend Geburtstagskuchen. Die Schule war nicht so wichtig, meine Welt war das Backen.

Mit 15 hatte ich ein gesünderes Verhältnis zum Essen entwickelt und begann eine Lehre als Konditorin. Das habe ich nie bedauert.

Heute, 35 Jahre später, möchte ich meine Leidenschaft für die Konditorei weitergeben und so vielen wie möglich mit meinen Kreationen Freude schenken. Das brachte mich auf die Idee, Savour zu gründen, eine Konditoreischule, in der sich Talente voll entfalten können.

Mein Beruf hat mich schon in viele Länder geführt. Ich war Vorsitzende der Jury der World Chocolate Masters und habe in der TV-Sendung *MasterChef Australia* den Kandidaten Aufgaben gestellt. Schließlich hat meine Passion sogar die Bühne für meine eigene Fernsehshow, *The Chocolate Queen*, bereitet.

Im Laufe dieser Jahre bis heute habe ich ein Unternehmen geführt, meine Karriere erfolgreich vorangetrieben und mich gleichzeitig um meine Familie gekümmert. Das war nur mit Beharrlichkeit und viel Lächeln möglich. Ich hoffe, dass mein Weg auch die mir nachfolgende Frauengeneration stärkt.

Viele Stunden, Tage und sogar Wochen habe ich damit verbracht, diese Rezepte zu verfeinern, denn es ist mir sehr wichtig, dass Sie beim Nachmachen zu Hause mit einem wirklich wunderbaren Schokoladengenuss belohnt werden.

All die Stunden frühmorgens oder spät am Abend wären ohne die unerschütterliche Unterstützung meiner Familie nicht möglich. Mein Mann Michael und mein Sohn Charlie sind meine Teilzeit-Testesser und Vollzeit-Cheerleader. Ihnen widme ich dieses Buch. Und all den vielen Menschen, die mich bei meinen kulinarischen Abenteuern unterstützt und mir geholfen haben, diesen Schokoladentraum zu verwirklichen, danke ich mit dieser Sammlung von zart schmelzenden oder eisgekühlten, klassischen, sündigen und unwiderstehlichen Schoko-Köstlichkeiten.

Kirsten Tibballs

Wissenswertes

In diesem Buch gibt es kein Rezept ohne Schokolade. Ich bevorzuge die Marke Callebaut, aber alle hochwertigen Produkte sind geeignet. Ich empfehle, einen Blick auf die Zutatenliste zu werfen. Denn hochwertige Schokoladen und Kuvertüren werden mit Kakaobutter hergestellt, nicht mit preiswerterem Pflanzenfett. Letzteres hat einen höheren Schmelzpunkt, verursacht ein weniger schönes Mundgefühl und schmälert den Genuss. Kuvertüre enthält generell mehr Kakaobutter als Tafelschokolade (bis zu doppelt so viel) und hat somit eine bessere Fließfähigkeit, sie erstarrt auch schneller. Deshalb gebe ich den Kakaobutteranteil mit an, so wissen Sie ganz genau, was Sie benötigen. Ich persönlich arbeite am liebsten mit Schokoladentropfen oder Kuvertüre-Pellets. Denn wer Schokolade in Block- oder Tafelform verwendet, muss sie zuerst hacken.

TEMPERIEREN: WANN UND WIE?

Schokolade muss nur temperiert werden, wenn sie als Überzug oder zum Garnieren verwendet wird. Anweisungen zum Temperieren gebe ich in diesem Buch bei den jeweiligen Rezepten. Schokolade wird temperiert, damit sich beim Erkalten kein Fettreif bildet. Wird Schokolade geschmolzen, ohne sie zu temperieren, setzt sich beim Erstarren ein Teil der Kakaobutter in größeren Partikeln ab. Dadurch können weiße Punkte oder Schlieren in der Schokolade entstehen. Falls das passiert, kann die Schokolade nach meiner Anleitung erneut temperiert werden, sofern ihr keine weiteren Zutaten (abgesehen von Lebensmittelfarbe) hinzugefügt wurden.

APROPOS TEMPERATUR

Wenn Zutaten auf eine bestimmte Temperatur erhitzt werden müssen, diese am besten mit einem Küchenthermometer kontrollieren.

SCHOKOLADE VERARBEITEN

Wer häufiger Schokolade verarbeitet, sollte sich eine kleine Steinplatte anschaffen. Sie bietet eine glatte Oberfläche und leitet die Wärme von der Schokolade ab. Bei der Verarbeitung von Schokolade sollte die Zimmertemperatur nicht über 24 °C liegen. Manchmal ist es nötig, Schokolade zum Erstarren in den Kühlschrank zu legen. Als Richtwert gilt, dass eine dünne Schokoladenschicht nicht länger als 5 Minuten und ein dickeres Stück Schokolade bis zu 20 Minuten im Kühlschrank bleiben sollte. Wenn Schokolade länger gekühlt wird, bildet sich später beim Erwärmen auf Zimmertemperatur Kondenswasser auf der Oberfläche. Durch das Kondenswasser löst sich der Zucker in der Schokolade auf und setzt sich in größeren Partikeln ab, die man sehen und am Gaumen fühlen kann (genannt Zuckerreif).

SCHOKOLADE LAGERN

Schokolade sollte immer in einer undurchsichtigen Verpackung und gut verschlossen gelagert werden, weil sie sehr schnell Feuchtigkeit aus der Luft aufnimmt, insbesondere in feuchtem Klima. Schokolade, die Feuchtigkeit aufgenommen hat, wird beim Schmelzen merklich dicker, kann aber noch als Zutat verwendet werden. Zum Überziehen und Garnieren sollte immer frische Schokolade verwendet werden. Schokolade in einer durchsichtigen Verpackung ist dem Licht ausgesetzt und kann verblassen.

STICHWORT EIER

Für meine Rezepte in diesem Buch verwende ich Eier, die mit Schale 58 g (ohne: 50 g, Größe S) wiegen. Meine Mengenangaben beziehen sich auf das Gewicht ohne Schale. Verquirlen Sie die Eier vor dem Abwiegen, wenn das angegebene Gewicht keinen ganzen Eiern entspricht.

Beim Thema Eischnee gibt es viele Tricks. Ich füge meist 1 Prise Weinsteinsäure (Apotheke) beim Aufschlagen hinzu, damit er stabiler wird. Man kann die Weinsteinsäure durch etwas Zitronensaft ersetzen oder auch ein wenig Puderzucker einarbeiten.

CARAMEL
DINOSAURS
LOST CITIES
FRENCH PATISSERIE
CHOCOLATE
GORDON RAMSAY'S
MR WILKINSON'S
GÂTEAUX
HARE+KLEIN INTERIOR
Praliné
NOMA
good food every day Gary Mehigan
LUNE
Grand livre de Cuisine
Grand livre de Cuisine
in the mix

Kapitel 1

Knackig, knusprig, crunchy

Knusperbissen mit Erdnüssen und Marshmallows

20 g Butter, plus mehr zum Einfetten
255 g weiße Marshmallows
½ TL Vanillepaste
70 g Puffreis, grob zerbröselt
30 g Kokosraspel
40 g Cocktailkirschen, gehackt
30 g geröstete Erdnusskerne, gehackt
400 g hochwertige Vollmilch-Schokoladentropfen
Puderzucker zum Bestäuben

Diese Bissen stecken voller herrlicher Zutaten: knuspriger Puffreis, aromatische Kokosnuss, kandierte Kirschen, Erdnusskerne, Marshmallows und natürlich viel Schokolade! Wer möchte, kann Kokosnuss, Kirschen und Nusskerne durch andere Trockenfrüchte nach eigenem Geschmack austauschen. Man bedenke die vielen unwiderstehlichen Möglichkeiten!

Eine 17,5 × 27,5 cm große Form einfetten und mit Backpapier auslegen.

Marshmallows, Vanille und Butter in einem Topf bei schwacher Hitze unter ständigem Rühren schmelzen lassen. Weiter rühren, bis sich alles gut verbunden hat.

Vom Herd nehmen. Puffreis, Kokosraspel, Cocktailkirschen und Erdnusskerne hinzufügen. Alles mit einem Spatel vermengen.

Die Vollmilchschokolade in einer mikrowellengeeigneten Plastikschüssel in der Mikrowelle schmelzen, bis eine Hälfte flüssig, die andere noch fest ist. Dann in die Marshmallow-Mischung rühren.

Alles sofort in die vorbereitete Form füllen und vorsichtig bis in die Ecken verteilen. Darauf achten, dass die Masse nicht zusammengedrückt wird.

Die Masse 15–20 Minuten in den Kühlschrank stellen. In etwa 4 cm große Quadrate schneiden. Vor dem Servieren mit Puderzucker bestäuben.

Die Bissen sind in einem luftdichten Behälter bis zu 2 Wochen bei Zimmertemperatur (unter 25 °C) haltbar.

... NOCH BESSER

> Wer die Bissen veredeln möchte, kann sie mit der Ganache von den Karamellschnitten (Seite 190) beträufeln.

FÜR 10 PERSONEN | PERFEKT ZUM TEE AM NACHMITTAG ODER FÜR FESTTAGE | SCHWIERIGKEITSGRAD: EINFACH

Weiße Schokoladen-Dacquoise mit Cranberrys und Pistazien

Butter zum Einfetten
150 g Eiweiß, Zimmertemperatur
75 g Zucker
70 g Puderzucker
50 g Mehl, Type 405
95 g Pistazienkerne, gemahlen
70 g hochwertige weiße Schokolade, Kakaobutter mind. 28 %, gehackt
45 g getrocknete Cranberrys
90 g Pistazienkerne, gehackt

ZUM SERVIEREN

100–200 g hochwertige weiße Blockschokolade (je dicker, desto einfacher wird es, größere Locken zu schneiden)
20 g getrocknete Cranberrys
1 Handvoll Pistazienkerne, gehackt
15 g Puderzucker zum Bestäuben

Auf der Suche nach einem neuen Lieblingsdessert? Probieren Sie diese nussige Baisermasse mit einer magischen Mischung aus weißer Schokolade, Pistazien und süß-herben Cranberrys. Für die Röllchen brauchen Sie nur einen Sparschäler. Sie können auch andere Trockenfrüchte verwenden oder die Torte mit dunkler Schokolade zubereiten.

Für die Dacquoise den Backofen auf 170 °C (Umluft) vorheizen. Eine 11 × 21 cm große Kastenform einfetten und mit Backpapier auskleiden.

Das Eiweiß in einer Küchenmaschine mit dem Schneebesen zu mittelsteifem Eischnee schlagen (Tipps siehe Seite 20).

Nach und nach unter ständigem Schlagen den Zucker einrieseln lassen. Noch 1 Minute schlagen, damit sich der Zucker auflöst.

Puderzucker und Mehl in eine separate Schüssel sieben, dann die gemahlenen Pistazien hinzufügen.

Die Mehlmischung vorsichtig unter die Baisermasse heben.

Schokolade, Cranberrys und etwa drei Viertel der gehackten Pistazien unterheben.

Die Masse in die vorbereitete Form füllen und die Oberfläche mit der Rückseite eines Löffels leicht glätten. Mit den restlichen gehackten Pistazien bestreuen.

Die Dacquoise im Ofen 35 Minuten backen.

Bei Zimmertemperatur vollständig erkalten lassen.

Bitte umblättern >

SO GELINGT'S

> Achten Sie darauf, dass Ihr Eiweiß Zimmertemperatur hat, bevor Sie mit dem Schlagen beginnen. So bekommt der Eischnee standfesteres Volumen.

> Eiweiß von ganz frischen Eiern lässt sich nicht so gut aufschlagen wie Eiweiß von Eiern, die schon einige Tage liegen.

> Für besonders große Locken den Schokoladenblock auf eine umgedrehte mikrowellengeeignete Schüssel legen (so stört der Schüsselrand nicht beim Schneiden) und auf hoher Stufe 10 Sekunden in der Mikrowelle erwärmen. Diesen Schritt ggf. mehrmals wiederholen, bis sich schön große Locken schneiden lassen.

PANNENHILFE

> Sie haben nur weiße Schokotropfen? Kein Problem, daraus kann man ganz einfach Blockschokolade machen: Die Tropfen temperieren. Eine Gefrierbox mit Frischhaltefolie auslegen, die flüssige Schokolade hineingießen und 20 Minuten im Kühlschrank fest werden lassen. Dann herausnehmen und die Folie entfernen.

Für die Schokoladenlocken den Sparschäler an einer Ecke der Tafel oder des Blocks ansetzen und mit leichtem Druck Späne schneiden, die sich von selbst kringeln (siehe Tipp links).

Die Torte mit den getrockneten Cranberrys, den gehackten Pistazien sowie den weißen Schokoladenlocken garnieren. Mit Puderzucker bestäuben.

Die Dacquoise sollte bei Zimmertemperatur serviert werden. Sie kann in einem luftdichten Behälter 4 Tage im Kühlschrank aufbewahrt werden, muss aber vor dem Verzehr wieder auf Zimmertemperatur gebracht werden. Ohne Garnitur kann das Gebäck bis zu 4 Wochen eingefroren werden.

ERGIBT 45 STÜCK

PERFEKT ZUM TEE AM NACHMITTAG

SCHWIERIGKEITSGRAD: EINFACH

Schokoladenbaisers mit Pekannusskernen

220 g Pekannusskerne, grob gehackt
90 g Eiweiß, Zimmertemperatur
250 g Puderzucker, gesiebt
30 g Kakaopulver, plus mehr zum Bestreuen

Diese Baiser-Bällchen machen süchtig. Pekannusskerne und Schokolade sind eine himmlische Geschmackskombination. Ob Sie ordentliche Kugeln formen oder einfach Kleckse auf das Backblech setzen: Das Ergebnis überzeugt in jedem Fall und macht Lust auf mehr.

Den Backofen auf 150 °C (Umluft) vorheizen. Ein Backblech mit Backpapier auslegen.

Die Nusskerne auf dem Backblech verteilen und 12 Minuten im Ofen rösten, bis sie leicht gebräunt sind.

Die Ofentemperatur auf 110 °C (Umluft) reduzieren.

Das Eiweiß auf hoher Stufe in der Küchenmaschine anschlagen. Die Geschwindigkeit kurz reduzieren und allmählich den gesiebten Puderzucker unter weiterem Rühren einrieseln lassen. Noch 1 Minute kräftig schlagen. Das Kakaopulver mit dem Schneebesen einrühren, bis alles gut vermischt ist.

Dann 180 g grob gehackte Pekannusskerne vorsichtig unter die Baisermasse heben.

Ein Backblech mit Backpapier auslegen und unter jede Ecke 1 Tupfen Baisermasse setzen, um das Papier zu fixieren.

Mit einem leicht geölten Teelöffel 1 großzügige Kugel (4–5 cm) der Baisermasse auf das vorbereitete Backblech setzen und länglich rund formen. Mit der restlichen Baisermasse wiederholen, dabei zwischen den Nocken etwa 2 cm Abstand lassen.

Die Baisers mit den restlichen grob gehackten Pekannusskernen bestreuen.

Etwa 90 Minuten im Ofen backen, bis die Oberfläche glänzt und sich fest anfühlt.

Das Blech aus dem Ofen nehmen und die Baisers bei Zimmertemperatur abkühlen lassen. Vor dem Servieren leicht mit Kakaopulver bestäuben.

Die Baisers können in einem luftdichten Behälter bei Zimmertemperatur bis zu 4 Wochen aufbewahrt werden.

PANNENHILFE

> Wenn die Baisers weich werden, können sie im Backofen bei 110 °C 20 Minuten nachgebacken werden.

... NOCH BESSER

> Ich ersetze die Pekannusskerne gern durch die gleiche Menge gehackte Mandeln. Wer einen fruchtigen Geschmack mag, kann 30 g fein gehacktes Orangeat und Zitronat (gemischt) unter die Baisermasse heben.

> Die Baisermasse kann vor dem Backen beliebig geformt werden. Wie wäre es mit einem großen Kranz für die Weihnachtstafel? Dafür muss die Backzeit um etwa 10 Minuten verlängert werden.

ERGIBT 35 STÜCK

PERFEKT ZUM NASCHEN ZWISCHENDURCH

SCHWIERIGKEITSGRAD: EINFACH

Schoko-Popcorn

1 EL Kokos- oder Pflanzenöl
50 g Popcornmais
150 g Zucker
1 TL Meersalz
300 g hochwertige Vollmilchschokolade, Kakaobutter mind. 30 %, gehackt oder als Pellets

SO GELINGT'S

> Vor dem Überziehen mit Schokolade kann das Popcorn luftdicht verpackt und eingefroren werden. Vor dem Öffnen der Verpackung auf Zimmertemperatur bringen.

> Am besten zuerst nur wenig Popcorn in Schokolade tauchen und prüfen, wie schnell sie fest wird. Erst dann die gesamte Menge überziehen.

PANNENHILFE

> Wenn die Schokolade zu früh fest wird, erhitzen Sie sie unter kräftigem Rühren mit einem Föhn.

... NOCH BESSER

> Sobald das Popcorn überzogen ist und die Schokolade fest geworden ist, mit essbarem Goldpulver oder zerkleinerten, kandierten Blüten bestreuen. Damit lassen sich auch Flecken auf der Schokolade leicht verstecken.

Was sich unter der zarten Schokoladenhülle verbirgt, ist pures Glück in Form von karamellisiertem Popcorn. Ein bisschen süß, ein bisschen salzig und absolut köstlich. Der knackige Biss, das tolle Mundgefühl und das Zusammenspiel der Texturen werden Sie begeistern. Da greift jeder gern zweimal zu.

Das Öl in einem mittelgroßen Topf erhitzen, bis es leicht zu rauchen beginnt.

Den Popcornmais hinzufügen und den Topf sofort mit einem Sieb abdecken.

Sobald die Körner zu ploppen beginnen, die Hitze reduzieren. Am Topf gelegentlich rütteln, damit sich der Mais gut verteilt.

Sobald das Ploppen nachlässt, den Zucker in das Sieb schütten und den Topf rütteln, bis der Zucker im Popcorn verteilt ist. Den Topf weiter rütteln, bis der Zucker karamellisiert ist.

Den Topf vom Herd nehmen und das Popcorn umrühren, um es vollständig mit dem Karamell zu umhüllen. Das Popcorn auf ein Blatt Backpapier schütten und mit einem Spatel schnell auseinanderziehen.

Das Popcorn mit Salz bestreuen und bei Zimmertemperatur vollständig erkalten lassen.

Die Schokolade in einer mikrowellengeeigneten Plastikschüssel temperieren: auf höchster Stufe in Intervallen von 30 Sekunden in der Mikrowelle erhitzen, zwischendurch umrühren. Wenn etwa die Hälfte der Schokolade flüssig ist, kräftig umrühren, bis die restliche feste Schokolade geschmolzen ist. Falls sich einige Stücke nicht auflösen wollen, diese unter Rühren mit einem Föhn erwärmen, bis sie schmelzen.

Das abgekühlte Popcorn in eine Schüssel füllen. Die temperierte Schokolade über das Popcorn gießen und umrühren.

Mit zwei Esslöffeln kleine Häufchen des Schokoladenpopcorns auf ein Blatt Backpapier setzen. Bei Zimmertemperatur fest werden lassen.

In einem luftdichten Behälter kann das Popcorn bis zu 6 Wochen bei Zimmertemperatur (unter 25 °C) aufbewahrt werden.

FÜR 12 PERSONEN

PERFEKT ZUM NASCHEN NACH DEM ABENDESSEN UND AUCH SONST JEDERZEIT

SCHWIERIGKEITSGRAD: EINFACH

Knackiger Schokoladenbruch mit Erdnüssen

200 g hochwertige Vollmilchschokolade, Kakaobutter mind. 30 %, gehackt oder als Pellets
35 g Erdnussbutter ohne Stückchen
20 g geröstete, gesalzene Erdnusskerne, grob gehackt

Diese Süßigkeit ist keine Hexerei, steckt aber voller Magie! Drei einfache Zutaten genügen für die dekadenten Schokoladen- und Erdnusssplitter. Die süß-salzigen Bissen sind die perfekte Nascherei für zwischendurch. Der Kombination aus schmelzender Schokolade, cremiger Erdnussbutter und knackigen Erdnusskernen kann niemand widerstehen.

Die Schokolade in einer mikrowellengeeigneten Plastikschüssel temperieren: auf höchster Stufe in Intervallen von 30 Sekunden in der Mikrowelle erhitzen, zwischendurch umrühren. Wenn etwa die Hälfte der Schokolade flüssig ist, kräftig umrühren, bis die restliche feste Schokolade geschmolzen ist. Falls sich einige Stücke nicht auflösen wollen, diese unter Rühren mit einem Föhn erwärmen, bis sie schmelzen.

Die Hälfte der temperierten Schokolade 5–7 mm dünn auf ein Stück Backpapier streichen. Bei Zimmertemperatur fest werden lassen.

Nach dem Erstarren eine dünne Schicht Erdnussbutter auf die Schokolade streichen.

Die restliche Schokolade mit einem Spachtel auf der Erdnussbutter verteilen. Falls erforderlich, die Schokolade dafür mit einem Föhn wieder erwärmen.

Die noch weiche Schokolade sofort mit den gerösteten Erdnusskernen bestreuen. Zum Aushärten 5 Minuten in den Kühlschrank stellen.

In Stücke brechen und genießen.

Die Schokolade kann in einem luftdichten Behälter bei Zimmertemperatur (unter 25 °C) etwa 4 Wochen aufbewahrt werden.

PANNENHILFE

> Wenn die Schokolade nicht fest wird, das Ganze einfrieren und direkt aus der Gefriertruhe servieren.

... NOCH BESSER

> Dieses Rezept schmeckt auch mit Bitterschokolade toll.

> Statt Erdnussbutter kann jedes andere nicht zu flüssige Nussmus verwendet werden.

ERGIBT 15 STÜCK

PERFEKT FÜR WEIHNACHTEN, AUCH ZUM VERSCHENKEN

SCHWIERIGKEITSGRAD: MITTEL

Dunkle Schneeflocken mit Pistazien und Cocktailkirschen

20 g Kokosraspel
150 g hochwertige Vollmilchschokolade, Kakaobutter mind. 30 %, gehackt oder als Pellets
20 g Cocktailkirschen, fein gehackt
20 g Pistazienkerne, fein gehackt

Die zarten Eiskristalle mit Pistazienstreuseln und kandierten Kirschen sehen sehr dekorativ aus: ein sinnlicher Genuss aus zart schmelzender Schokolade mit knusprigem Crunch. Pistazien, Kirschen und Kokosnuss können auch durch andere Nüsse und kandierte Früchte nach Geschmack ersetzt werden. Die Schneeflocken schmecken mit weißer oder zartbitterer Schokolade ebenfalls köstlich.

Den Backofen auf 160 °C (Umluft) vorheizen. Ein Backblech mit Backpapier auslegen.

Die Kokosraspel gleichmäßig auf dem Backblech verteilen und 5–6 Minuten im Ofen rösten. Nach der Hälfte der Zeit durchrühren, damit sie gleichmäßig bräunen. Sobald sie goldbraun sind, aus dem Ofen nehmen und bei Zimmertemperatur vollständig erkalten lassen.

Aus Backpapier 15 einzelne Schneeflocken (Ø etwa 9 cm) ausschneiden (Foto folgende Seite).

Dafür ein 10 cm großes Quadrat aus Papier längs und quer zur Hälfte falten, sodass ein kleineres Quadrat entsteht. Die beiden Faltkanten aufeinanderlegen, um ein Dreieck zu erhalten. Die beiden Faltkanten nochmals aufeinanderfalten. Das überschüssige Papier an der offenen Seite des Dreiecks abschneiden, sodass alle Lagen des Dreiecks gleich groß sind, dann die offene Kante zickzackförmig abschneiden. Entlang der langen gefalteten Kante des Dreiecks einen Bogen ausschneiden – je länger er ist, desto größer wird das Oval auf der Schneeflocke. Das Papier auseinanderfalten. So insgesamt 15 Schablonen schneiden.

Die Schokolade in einer mikrowellengeeigneten Plastikschüssel temperieren: auf höchster Stufe in Intervallen von 30 Sekunden in der Mikrowelle erhitzen, zwischendurch umrühren. Wenn etwa die Hälfte der Schokolade flüssig ist, kräftig umrühren, bis die restliche feste Schokolade geschmolzen ist. Falls sich einige Stücke nicht auflösen wollen, diese unter Rühren mit einem Föhn erwärmen, bis sie schmelzen.

Die Schablonen auf eine glatte Fläche legen und die Schokolade mit einer Palette oder einem Backpinsel darauf verstreichen.

Bitte umblättern >

SO GELINGT'S

> Wenn die Schneeflocken fest werden, bedecken Sie sie mit einem Blatt Backpapier und legen für mindestens 2 Stunden ein Backblech darauf. So wird verhindert, dass sich die Schneeflocken beim Erkalten wellen.

> Die Schokolade nicht dünner als 2 mm auftragen, sonst brechen die Schneeflocken beim Abziehen des Backpapiers zu leicht.

... NOCH BESSER

> Denken Sie daran, dass in der Natur keine Schneeflocke der anderen gleicht. Schneiden Sie gern unterschiedliche Schablonen zu.

> Warum nur Schneeflocken? Wie wäre es mit Herzchen für den einen Lieblingsmenschen?

Die Schokolade nicht zu dünn auftragen, sonst bricht sie zu leicht. Kokosraspel, Kirschen und Pistazien über die noch flüssige Schokolade streuen.

Sofort jede Schneeflocke samt Backpapier abheben und auf ein mit Backpapier ausgelegtes Backblech legen. Bei Zimmertemperatur fest werden lassen.

Sobald die Schokolade ausgehärtet ist, die Backpapierschablonen vorsichtig von den Schneeflocken abziehen.

Die fertigen Schneeflocken können in einem luftdichten Behälter bei Zimmertemperatur (unter 25 °C) bis zu 3 Monate gelagert werden.

FÜR 4 PERSONEN

PERFEKT FÜR GÄSTE,
KANN VORBEREITET WERDEN

SCHWIERIGKEITSGRAD: MITTEL

Karamellisierte Knusperschnitten mit Schokoladencreme

KARAMELLISIERTER FILOTEIG

100 g Butter
8 Blätter Filoteig (Kühltheke)
60 g Rohrohzucker

SCHOKOLADENCREME

500 ml Milch
1 TL Vanillepaste
20 g Puddingpulver oder Speisestärke
100 g Zucker
200 g Eigelb
310 g hochwertige Zartbitterschokolade, Kakaobutter mind. 57 %, gehackt oder als Pellets
140 g Butter, gewürfelt

ZUM SERVIEREN

Puderzucker zum Bestäuben

Diese raffinierten Schnitten aus Filoteig mit Schokoladencreme sind wahrscheinlich das Überraschendste, was man mit einem Kontaktgrill vollbringen kann. Aus gekauftem Filoteig wird ein sensationelles Dessert mit karamellisierten Gebäckschichten und köstlich-sündiger Schokoladencreme. Alles lässt sich gut vorbereiten, darum eignet sich dieses Dessert perfekt, um Gäste zu beeindrucken.

Für den karamellisierten Filoteig die Butter in der Mikrowelle erhitzen, bis sie vollständig geschmolzen ist.

Jeweils ein Blatt Filoteig mit etwas geschmolzener Butter bestreichen und gleichmäßig mit einem Achtel des Zuckers bestreuen.

Die restlichen sieben Teigblätter darauflegen, jedes mit etwas Butter bestreichen und mit Zucker bestreuen.

Den Filo-Stapel der Länge nach halbieren, dann jede Hälfte in sechs gleichmäßige Rechtecke schneiden, sodass insgesamt 12 Platten entstehen.

Den Kontaktgrill aufheizen.

Jeweils zwei Teigplatten etwa 30 Sekunden im Kontaktgrill backen, bis sie goldbraun sind (siehe Tipp Seite 34).

Den Teig aus dem Kontaktgrill nehmen, zwischen zwei Blätter Backpapier legen und mit einem Tablett beschweren, damit sich der Teig nicht wellt.

Den Vorgang mit den restlichen Teigplatten wiederholen, dabei den Kontaktgrill zwischendurch reinigen.

Die Teigplatten bei Zimmertemperatur vollständig erkalten lassen.

Liegend in einem luftdichten Behälter aufbewahren, bis die Schnitten zusammengesetzt werden können. Der Teig kann 1 Tag im Voraus zubereitet werden.

Bitte umblättern >

SO GELINGT'S

> Der Teig wird im Kontaktgrill innerhalb von Sekunden gar, also am besten nicht aus den Augen lassen.

Für die Schokoladencreme Milch und Vanille in einem Topf bei mittlerer Hitze zum Kochen bringen.

Inzwischen das Puddingpulver und den Zucker in einer hitzebeständigen Schüssel vermischen. Eigelb mit dem Schneebesen einrühren.

Die heiße Milch in dünnem Strahl angießen, dabei ständig mit dem Schneebesen rühren.

Die Mischung wieder in den Topf füllen und unter ständigem Rühren zum Kochen bringen.

Die Creme über die Schokolade gießen und mit dem Schneebesen rühren, bis die Schokolade vollständig geschmolzen ist und sich verbunden hat.

Die Butter stückchenweise mit dem Schneebesen einrühren, bis die Masse glatt ist.

Die Creme mit Frischhaltefolie abdecken (direkt auf der Oberfläche) und mindestens 4 Stunden in den Kühlschrank stellen. Die Creme kann bis zu 3 Tage im Voraus zubereitet und im Kühlschrank aufbewahrt werden.

Zum Zusammensetzen die gekühlte Creme in einen Spritzbeutel mit einer 1,6-cm-Lochtülle füllen.

Einzelne Cremetupfen auf eine karamellisierte Teigplatte spritzen – fünf Dreierreihen funktionieren gut. Alternativ die Creme einfach auf dem Teig verteilen.

Eine zweite Teigplatte auflegen und eine weitere Schicht Creme darauf spritzen, dann eine letzte Teigplatte auflegen.

Abschließend mit Puderzucker bestäuben.

Die Schnitten erst kurz vor dem Servieren zusammensetzen, damit der Teig knusprig bleibt.

ERGIBT 12 STÜCK

PERFEKT ALS SÜSSER SNACK NACH DER SCHULE/DEM ABENDESSEN

SCHWIERIGKEITSGRAD: MITTEL

Erdnusstörtchen mit einer Schoko-Karamell-Füllung

ERDNUSSTÖRTCHEN

85 g Butter, plus mehr zum Einfetten
65 g Rohrohrzucker
65 g Zucker
95 g stückige Erdnussbutter
30 g verquirltes Ei
125 g Mehl, Type 405, plus mehr zum Arbeiten
1 Prise Backpulver
1 Prise Meersalz
75 g hochwertige Vollmilchschokolade, Kakaobutter mind. 30 %, gehackt

KARAMELLFÜLLUNG

250 g Konditorsahne (35 % Fettgehalt)
1 TL Vanillepaste
1 Prise Meersalz
185 g Zucker
65 g Glukosesirup
150 g Butter
25 g Honig
½ TL Backnatron
75 g hochwertige Vollmilchschokolade, Kakaobutter mind. 30 %, gehackt oder als Pellets

Die Kombination aus Schokolade und Erdnuss kommt immer gut an. Hier werden aus knusprigem Erdnussteig kleine Schalen gebacken und mit einer Karamellcreme gefüllt, in die erst im letzten Moment (aber immerhin doch noch) Schokolade gerührt wird. Bei diesen unwiderstehlichen Törtchen schlägt das Herz jedes Schoko-Fans höher.

Für die Erdnusstörtchen den Backofen auf 170 °C (Umluft) vorheizen.

Butter und sämtlichen Zucker mit einem elektrischen Handrührgerät auf mittlerer Stufe cremig rühren.

Die Erdnussbutter und danach das Ei hinzufügen. Jeweils gründlich verrühren.

Mehl, Backpulver und Salz kurz unterrühren.

Abschließend die gehackte Vollmilchschokolade hinzufügen und alles zu einem glatten Teig verarbeiten.

Den Teig auf einer leicht bemehlten Arbeitsfläche in 12 gleichmäßige Portionen teilen. Ein Muffinblech mit 12 Vertiefungen einfetten.

Die Teigstücke in die Vertiefungen legen und an Boden und Seiten andrücken, sodass Törtchen entstehen.

Jede Form mit zerknülltem Backpapier auslegen und mit ungekochtem Reis füllen. So 8 Minuten im Ofen blindbacken.

Das Papier und den Reis entfernen, die Törtchenböden weitere 10 Minuten backen.

Leicht abkühlen lassen. Wenn die noch warmen Törtchen fest genug sind, um sie zu greifen, diese aus der Form lösen und bei Zimmertemperatur vollständig erkalten lassen.

Das Muffinblech reinigen und abtrocknen.

Die kalten Törtchen wieder in die Vertiefungen des Muffinblechs setzen.

Bitte umblättern >

... NOCH BESSER

- > Dieses Rezept eignet sich auch für eine eindrucksvolle große Tarte. Dafür den gesamten Teig in eine gebutterte Tarteform mit geriffeltem Rand drücken und weiter nach Rezept zubereiten. Die gebackene Tarte in Stücke schneiden und mit frischer Sahne oder Vanilleeis servieren.
- > Aus dem Erdnussteig lassen sich auch köstliche Plätzchen backen.

Für die Karamellfüllung Sahne, Vanille und Salz in einem Topf bei mittlerer Hitze bis knapp unter dem Siedepunkt erhitzen.

In einem großen Topf Zucker, Glukosesirup und 35 ml Wasser auf 145 °C erhitzen.

Die Hitze reduzieren und sofort die Butter sowie den Honig mit dem Schneebesen einrühren.

Die heiße Sahnemischung in drei Portionen langsam zum Karamell gießen und mit dem Schneebesen verrühren.

Vorsichtig das Natron untermengen, dann die Mischung unter ständigem Rühren bei starker Hitze auf 118 °C bringen.

Sobald der Karamell 118 °C erreicht hat, diesen vom Herd nehmen und sofort die Schokolade hinzufügen. Umrühren, bis die Schokolade vollständig geschmolzen und eingearbeitet ist.

Den Karamell in die gebackenen Törtchenböden gießen und bei Zimmertemperatur 1 Stunde fest werden lassen.

In einem luftdichten Behälter können die Törtchen bei Zimmertemperatur bis zu 4 Wochen aufbewahrt werden.

ERGIBT 12 STÜCK | PERFEKT FÜR FESTTAGE | SCHWIERIGKEITSGRAD: MITTEL

Schoko-Kokosnüsse

6 hohle, glatte Ostereier aus Vollmilchschokolade, etwa 7 cm hoch (Fachhandel oder online)
85 g Puderzucker, gesiebt
75 g Kokosraspel
65 ml gesüßte Kondensmilch
½ TL Zitronensaft

Die Kombination aus köstlicher, weicher Vollmilchschokolade und süßer Kokosnuss sorgt für einen wunderbaren Geschmack und ein verführerisches Mundgefühl. Diese schnell gezauberte Leckerei ist eine fabelhafte Möglichkeit, übrig gebliebene Ostereier zu verwerten: als Mini-Kokosnüsse. Ein herrlich exotisches Schoko-Vergnügen!

Ein Backblech im Ofen auf 50 °C erwärmen.

Ein Messer für einige Minuten in einen Krug mit heißem Wasser stellen. Die Ostereier mit dem erwärmten Messer vorsichtig halbieren. Dabei beide Hälften unversehrt lassen. Ein Stück Küchenpapier zum Festhalten der Ostereier verwenden, damit sie nicht in den Händen schmelzen.

Ein Geschirrtuch auf die Arbeitsfläche legen, darauf das vorgewärmte Backblech setzen.

Die Eierhälften vorsichtig mit der Schnittfläche nach unten auf das warme Blech legen, damit die Ränder leicht schmelzen und eher eine Kokosnussform entsteht. Keinen starken Druck ausüben, da die Schoko-Eierschalen leicht zerbrechen.

Die Eier 2–3 Minuten in den Kühlschrank stellen, damit sie etwas fester werden, dann herausnehmen und bei Zimmertemperatur beiseitestellen.

Gesiebten Puderzucker, Kokosraspel, Kondensmilch und Zitronensaft in einer Schüssel vermischen.

Eine kleine Menge dieser Mischung in jede Schoko-Hälfte setzen und mit der Rückseite eines Teelöffels vorsichtig verteilen. Dabei die Schokoladenhülle mit Küchenpapier festhalten.

Die Schoko-Kokosnüsse 2–3 Minuten in den Kühlschrank stellen.

Mit einer sauberen Zahnbürste mit festen Borsten oder einer Drahtbürste die Außenseite jeder Schokoladenschale vorsichtig von der Spitze her aufrauen, bis sie der Schale einer Kokosnuss ähnelt. Eventuell müssen die Kokosnüsse vor dem Servieren erneut aufgeraut werden.

In einem luftdichten Behälter sind sie bei Zimmertemperatur (unter 25 °C) bis zu 6 Wochen haltbar.

SO GELINGT'S

> Wenn Sie warme Hände haben, legen Sie die Schokoladenhüllen vor dem Bürsten 5–10 Minuten ins Gefrierfach.

> Je fester die Borsten der Bürste sind, desto deutlicher wird das Kokosschalenmuster.

… NOCH BESSER

> Wer ein Dessert der Extraklasse servieren möchte, kann die Schokoladenkokosnüsse als »Schälchen« für Eis oder eine Mousse verwenden.

FÜR 8–10 PERSONEN

PERFEKT FÜR GEBURTSTAGE UND ANDERE BESONDERE ANLÄSSE

SCHWIERIGKEITSGRAD: ANSPRUCHSVOLL

Glasierte Mousse-au-Chocolat-Torte mit Knusperschicht

KNUSPERSCHICHT

95 g hochwertige Vollmilchschokolade, Kakaobutter mind. 30 %, gehackt oder als Pellets
160 g stückige Erdnussbutter
30 g Puffreis, leicht zerdrückt
20 g kandierte Orangenfilets (nach Belieben), fein gehackt

MOUSSE AU CHOCOLAT

Pflanzenöl-Spray zum Einfetten
Puderzucker zum Bestäuben
370 g Konditorsahne (35 % Fettgehalt)
340 g hochwertige Zartbitterschokolade, Kakaobutter mind. 57 %, gehackt oder als Pellets
65 g Zucker
65 g Glukosesirup

SCHOKOLADENGLASUR

8 Blatt Gelatine
335 g Konditorsahne (35 % Fettgehalt)
505 g Zucker
170 g Kakaopulver, gesiebt
100 g Glukosesirup

ZUM SERVIEREN

30 g Kakaopulver

Diese dekadente Torte mit dunkler Mousse au Chocolat ist außerirdisch gut. Eine raffinierte Schicht aus Erdnussbutter und Puffreis sorgt für knusprigen Biss und das gewisse Extra. Ein glänzender, eleganter Hingucker: eine unvergessliche Torte, um bei Gästen Eindruck zu schinden. Mit der Zubereitung muss am Vortag begonnen werden.

Für die Knusperschicht einen Tortenring (Ø 16 cm) mit Backpapier auslegen und auf eine passende Platte stellen.

Die Schokolade in einer mikrowellengeeigneten Plastikschüssel temperieren: auf höchster Stufe in Intervallen von 30 Sekunden in der Mikrowelle erhitzen, zwischendurch umrühren. Wenn etwa die Hälfte der Schokolade flüssig ist, kräftig umrühren, bis die restliche feste Schokolade geschmolzen ist. Falls sich einige Stücke nicht auflösen wollen, diese unter Rühren mit einem Föhn erwärmen, bis sie schmelzen.

Die Erdnussbutter einrühren.

Den leicht zerkleinerten Puffreis und die gehackte kandierte Orange hinzufügen. So lange mischen, bis beides vollständig mit Schokolade überzogen ist.

Die Knusperschicht in dem vorbereiteten Tortenring verteilen. Mit der Rückseite eines Löffels leicht andrücken, um die Masse zu glätten. In den Kühlschrank stellen.

Für die Mousse eine runde Springform (Ø 18 cm) mit Pflanzenöl einfetten und mit Puderzucker bestäuben.

Die Sahne halbsteif schlagen, bis sie etwas Volumen hat, aber noch zusammenfällt. Bis zur Verwendung in den Kühlschrank stellen.

Die Zartbitterschokolade in der Mikrowelle zur Hälfte schmelzen, dann durchrühren und beiseitestellen.

Den Zucker und den Glukosesirup in einem Topf mit 65 ml Wasser bei mittlerer Hitze zum Kochen bringen.

Sobald sich der Zucker vollständig aufgelöst hat, den Sirup über die teilweise geschmolzene Schokolade gießen und mit einem

SO GELINGT'S

- Verwenden Sie ein sehr feines Sieb, z. B. ein Teesieb, um das Kakaopulver über die Glasur zu sieben, damit die Schicht ganz dünn wird.
- Wenn die Glasur zu zähflüssig ist, bilden sich im Kakaopulver keine dekorativen Risse. Verwenden Sie einen eiskalten Löffel, um die Konsistenz der Glasur zu prüfen. Falls nötig, tropfenweise Wasser hinzufügen, um sie zu verdünnen.

... NOCH BESSER

- Statt die Torte mit Kakaopulver zu bestreuen, können Sie sie auch mit einer Schokoladenblüte belegen (siehe Seite 169).

Schneebesen verrühren. Die Schokolade leicht abkühlen lassen (knapp über Körpertemperatur).

Eine kleine Menge der halbsteifen Sahne unter die Schokoladenmasse rühren, dann die restliche Sahne unterheben.

Den Ring und das Backpapier von der vorbereiteten Knusperschicht entfernen. Die Knusperschicht in die Mitte der Springform legen.

Die Schokomousse auf die Knusperschicht gießen. Die Oberfläche mit einem Spatel glätten. Über Nacht tiefkühlen.

Am Folgetag für die Schokoladenglasur die Gelatineblätter in einer Schüssel mit kaltem Wasser einweichen.

Sahne, 100 ml Wasser und Zucker in einem Topf bei mittlerer Hitze zum Kochen bringen. Das gesiebte Kakaopulver und den Glukosesirup mit dem Schneebesen einrühren. Nochmals aufkochen, dann den Topf vom Herd nehmen und die Mischung in einen Krug oder eine Schüssel umfüllen.

Die eingeweichte Gelatine gut ausdrücken, dann zur Glasur rühren. Die Glasur mit einem Stabmixer glatt verschlagen.

Die Glasur mit Frischhaltefolie abdecken (direkt auf der Oberfläche) und auf 32–35 °C abkühlen lassen.

Sobald die Glasur abgekühlt ist, die gefrorene Torte vom Boden hochdrücken, um sie aus dem Ring zu lösen.

Ein Backblech mit Backpapier auslegen. Darauf kopfüber eine Schüssel stellen. Die gefrorene Torte auf die Schüssel setzen und mit der Glasur übergießen. Sofort das Kakaopulver über die Oberfläche der Torte sieben.

Sobald die Glasur nicht mehr tropft, die überschüssige Glasur mit einem scharfen Messer auf Höhe des Tortenbodens abschneiden.

Die Torte auf eine Servierplatte setzen und vor dem Servieren mindestens 4 Stunden in den Kühlschrank stellen.

Die überschüssige Glasur kann bis zu 8 Wochen in einem luftdichten Behälter eingefroren werden.

Um die Glasur wiederzuverwenden, wird sie in der Mikrowelle erwärmt. Falls sie zu dick ist, etwas Wasser einrühren.

Die unglasierte Torte kann 4 Tage im Kühlschrank aufbewahrt oder 8 Wochen eingefroren werden. Nach dem Glasieren ist sie im Kühlschrank 3 Tage haltbar.

Bitte umblättern >

ERGIBT 49 STÜCK

PERFEKT FÜR FEIERTAGE, AUCH ZUM VERSCHENKEN

SCHWIERIGKEITSGRAD: MITTEL

Weißer Nugat mit Mandeln, Ananas und Kokos

Butter zum Einfetten
50 g Puderzucker
50 g Speisestärke
90 g Eiweiß, Zimmertemperatur
440 g Zucker
250 g Honig
80 ml Ananassaft
90 g Glukosesirup
150 g hochwertige weiße Schokolade, Kakaobutter mind. 28 %, gehackt oder als Pellets
220 g ganze Mandelkerne, geröstet und warm gehalten
100 g Kokosraspel

Ein Hauch von Ananassaft und Kokosnuss verleihen diesem Nugat aus weißer Schokolade und gerösteten Mandeln eine exotische Note. In Riegel geschnitten und in Zellophan verpackt, eignet sich der Nugat ausgezeichnet als Geschenk. Wichtig ist, ihn sofort nach dem Schneiden luftdicht zu verpacken, damit er keine Feuchtigkeit mehr aufnimmt.

Eine quadratische Form (23 × 23 cm) einfetten und mit Backpapier auslegen. Puderzucker und Speisestärke in einer Schüssel vermischen.

Eine feine Schicht der Puderzucker-Mischung in die vorbereitete Form sieben.

Eiweiß und 25 g Zucker in die Schüssel der Küchenmaschine füllen. Den Schneebesen einsetzen.

Honig und Ananassaft in einem Kochtopf verrühren, jedoch noch nicht erhitzen.

In einem weiteren Topf 125 ml Wasser, den restlichen Zucker (415 g) und den Glukosesirup auf 170 °C erhitzen. Wenn die Masse 110 °C erreicht hat, mit dem Erhitzen der Honig-Ananas-Mischung beginnen.

Sobald die Honigmischung 105 °C erreicht hat, das Eiweiß in einer hitzebeständigen Schüssel mit den weiteren Zugaben aufschlagen.

Wenn die Honigmischung 130 °C erreicht hat, diese unter ständigem Schlagen zum Eischnee gießen.

Sobald die Zucker-Glukosesirup-Mischung eine Temperatur von 150 °C erreicht hat, auch sie unter ständigem Schlagen und in dünnem Strahl auf den Eischnee gießen.

Den Schneebesen gegen einen Flachrührer austauschen und weiter rühren. (Um die Mischung vom Schneebesen zu lösen, die Finger in Eiswasser tauchen und an den einzelnen Drähten entlangfahren.)

Bitte umblättern >

... NOCH BESSER

> Für eine besonders schokoladige Note können Sie die fertigen Nugat-Quadrate auf einen Zahnstocher spießen und in temperierte Schokolade Ihrer Wahl tauchen.

> Anstelle von Ananas können Sie auch einen anderen Saft verwenden.

Die Konsistenz des Nugats prüfen. Dazu eine kleine Menge in eine Schüssel mit Eiswasser klecksen. Er sollte relativ fest sein. Wenn die Masse zu weich ist, die Schüssel von außen mit einem Föhn erhitzen, damit die überschüssige Feuchtigkeit verdampft.

Wenn die richtige Konsistenz erreicht ist, die weiße Schokolade unterrühren.

Die warmen Mandeln und die Kokosraspel hinzufügen.

Die Masse in die vorbereitete Form füllen und die Oberseite mit dem Puderzucker-Gemisch bestäuben. Den Nugat oben andrücken, damit seine Oberfläche eben wird.

Bei Zimmertemperatur abkühlen lassen.

Aus der Form nehmen und den Nugat mit einem Sägemesser in 3 cm große Quadrate schneiden, dabei mit der Puderzucker-Mischung bestäuben, damit die Stücke nicht aneinanderkleben.

Der Nugat ist in einem luftdichten Behälter bei Zimmertemperatur (unter 25 °C) bis zu 6 Wochen haltbar.

ERGIBT 16 STÜCK

PERFEKT ALS NASCHEREI NACH DEM ABENDESSEN (ODER EINFACH ZWISCHENDURCH)

SCHWIERIGKEITSGRAD: MITTEL

Kokos-Schokoriegel

250 g Puderzucker, gesiebt
225 g Kokosraspel
200 ml gesüßte Kondensmilch
1½ TL Vanilleextrakt
1½ TL Zitronensaft
250 g hochwertige Zartbitterschokolade, Kakaobutter mind. 57 %, gehackt oder als Pellets
20 g Kokosraspel zum Bestreuen

Diese süße Kokosnussmasse in einem Mantel aus köstlicher Schokolade ist die perfekte Leckerei, wenn sich plötzlich der Appetit auf Süßes einstellt, oder wenn unerwartete Gäste vorbeikommen. Diese einfachen, aber umwerfenden Riegel sind leicht zuzubereiten, aber seien Sie gewarnt: Sie tendieren dazu, allzu leicht zu verschwinden …

Den Boden und die Seiten einer 17,5 × 27,5 cm großen und 3,2 cm hohen Kastenform mit Backpapier auslegen.

Gesiebten Puderzucker und Kokosraspel in einer Schüssel vermengen.

Kondensmilch, Vanille und Zitronensaft einrühren.

Die Masse in die vorbereitete Form drücken und mindestens 2 Stunden in den Kühlschrank stellen.

Die erstarrte Kokosmasse in Riegel schneiden und diese aus der Form heben.

Die Schokolade in einer mikrowellengeeigneten Plastikschüssel temperieren: auf höchster Stufe in Intervallen von 30 Sekunden in der Mikrowelle erhitzen, zwischendurch umrühren. Wenn etwa die Hälfte der Schokolade flüssig ist, kräftig umrühren, bis die restliche feste Schokolade geschmolzen ist. Falls sich einige Stücke nicht auflösen wollen, diese unter Rühren mit einem Föhn erwärmen, bis sie schmelzen.

Jeden Riegel auf einen Zahnstocher aufspießen oder auf einer Gabel balancieren und in die temperierte Schokolade tauchen. Vorsichtig auf den Rand der Schüssel klopfen, damit überschüssige Schokolade abtropft, dann die Kokosriegel auf ein Stück Backpapier legen.

Bevor die Schokolade fest wird, schräg auf jeden Riegel Kokosraspel streuen.

Die Schokolade vor dem Servieren der Riegel vollständig fest werden lassen.

In einem luftdichten Behälter sind die Riegel bei Zimmertemperatur (unter 25 °C) bis zu 6 Wochen haltbar.

PANNENHILFE

> Wenn die Schokolade nicht richtig temperiert ist und Schlieren bildet, können Sie die Riegel nachträglich mit Kakaopulver oder mit Puderzucker bestäuben, damit sie schöner aussehen.

Kapitel 2

Zart, geröstet, schmelzend

FÜR 4 PERSONEN

PERFEKT ALS LUXUS-FRÜHSTÜCK ODER BEI PLÖTZLICHEM SCHOKOLADEN-HEISSHUNGER

SCHWIERIGKEITSGRAD: EINFACH

Sauerteig-Röstbrote mit Schokoladenfüllung

75 ml Milch
120 ml gesüßte Kondensmilch
100 g verquirltes Ei
1 Prise Meersalz
1 Prise gemahlener Zimt
2 TL Butter
1 TL Traubenkernöl
8 Scheiben Sauerteig-Weißbrot vom Vortag, Rinde abgeschnitten
2 Bananen, längs in dünne Scheiben geschnitten
80 g hochwertige Vollmilch-Schokoladentropfen

SO GELINGT'S

> Am besten ein sehr feinporiges Brot verwenden.

> Sämtliche Zutaten griffbereit vorbereiten, bevor Sie mit dem Braten des Brots beginnen.

... NOCH BESSER

> Ich ersetze die Banane gern durch frische oder gebratene Ananas.

Dies ist kein gewöhnlicher Toast, sondern eher ein sündiger Schokoladensnack. Mildes Brot wird mit Bananenscheiben und schmelzenden Schokoladensplittern belegt und am besten heiß und frisch verzehrt. Die heiße, weiche Masse, die zwischen den beiden Brotscheiben entsteht, ist unglaublich. Dieses Rezept hat das Zeug zu einem neuen Favoriten.

Milch, Kondensmilch, Eier, Salz und Zimt in einer Schüssel mit einem Schneebesen verrühren.

Die Mischung in eine flache Schale gießen.

Butter und Öl in einer Bratpfanne erhitzen.

Jede Brotscheibe in die Kondensmilchmischung tauchen, dann in die Pfanne legen und von beiden Seiten goldbraun backen.

Vom Herd nehmen.

Die Bananen gleichmäßig auf vier der Brotscheiben verteilen, mit Schokoladentropfen bestreuen und mit den restlichen Brotscheiben bedecken.

Am besten frisch zubereiten und sofort servieren.

ERGIBT 30 STÜCK

PERFEKT FÜR ZWISCHENDURCH ODER ZUM NACHMITTAGSTEE

SCHWIERIGKEITSGRAD: EINFACH

Doppeldecker-Cookies mit Orangen-Ganache

ORANGEN-GANACHE

195 g Konditorsahne (35 % Fettgehalt)
abgeriebene Schale von 1 Bio-Orange
½ TL Vanillepaste
430 g hochwertige Vollmilchschokolade, Kakaobutter mind. 30 %, gehackt oder als Pellets

COOKIES

100 g dunkler Rohrohrzucker (etwa Muscovado)
165 g Rohrohrzucker
1 TL Meersalz
115 g weiche Butter
50 g verquirltes Ei
1 TL Vanillepaste
½ TL Backnatron
155 g Mehl, Type 405
110 g hochwertige Vollmilchschokolade, Kakaobutter mind. 30 %, gehackt oder als Pellets
110 g hochwertige Zartbitterschokolade, Kakaobutter mind. 57 %, gehackt oder als Pellets
90 g Cornflakes, zerdrückt

Dieses Rezept wird Ihr Herz im Sturm erobern: Saftige Cookies mit überraschendem Crunch und einer cremigen Füllung, die im Munde zergeht. Die Cookies sind etwas ausgefallen, denn sie bekommen durch Cornflakes knackigen Biss. Veredelt wird alles mit einer Schokoladencreme, die mit Orangenschale aromatisiert ist. Die werden im Handumdrehen weggeputzt!

Für die Orangen-Ganache die Sahne mit Orangenschale und Vanille in einem Topf bei mittlerer Hitze zum Kochen bringen.

Inzwischen die Vollmilchschokolade in eine hitzebeständige Schüssel füllen.

Die heiße Sahnemischung über die Schokolade gießen und rühren, bis die Schokolade vollständig geschmolzen und in die Sahne eingearbeitet ist.

Mit Frischhaltefolie abdecken (direkt auf der Oberfläche) und 2–3 Stunden bei Zimmertemperatur abkühlen lassen, dann in einen Spritzbeutel mit großer Tülle umfüllen (siehe Tipp Seite 58).

Für die Cookies den Ofen auf 170 °C (Umluft) vorheizen.

Sämtlichen Zucker, Salz und Butter in einer Rührschüssel mit dem Flachrührer in der Küchenmaschine glatt rühren.

Ei und Vanille einrühren.

Das mit Natron gesiebte Mehl sorgfältig unterrühren.

Mit einem Löffel beide Schokoladensorten und die zerbröselten Cornflakes unterrühren. Den Teig 1 Stunde in den Kühlschrank stellen.

Vom Teig teelöffelgroße Portionen abnehmen und zu Kugeln formen. Mit einem Abstand von etwa 4 cm auf ein mit Backpapier ausgelegtes Backblech legen und leicht andrücken, um die Cookies etwas abzuflachen.

Die Cookies im Ofen 10 Minuten goldbraun backen.

Bitte umblättern >

SO GELINGT'S

> Wenn Ihre Küche sehr warm ist, legen Sie die Ganache im Spritzbeutel in den Kühlschrank, bis sie eine spritzfähige Konsistenz hat.

PANNENHILFE

> Falls die Creme nach der Zugabe der Sahne leicht körnig wird, fügen Sie unter ständigem Schlagen noch etwas mehr Sahne dazu.

> Ist kein Spritzbeutel zur Hand, kann man immer auch einen Gefrierbeutel verwenden und eine Ecke abschneiden.

Aus dem Ofen nehmen und bei Zimmertemperatur abkühlen lassen.

Mithilfe des Spritzbeutels die vorbereitete Ganache auf eine Hälfte der Cookies spritzen, dann mit den restlichen Cookies bedecken.

Die fertigen Cookies können in einem luftdichten Behälter bei Zimmertemperatur bis zu 2 Wochen aufbewahrt werden.

Der Teig kann im Voraus zubereitet und in einem luftdichten Behälter bis zu 3 Tagen im Kühlschrank aufbewahrt werden. Vor dem Backen muss er aber wieder Zimmertemperatur erreichen.

ERGIBT 50 STÜCK

PERFEKT ZUM NASCHEN ZWISCHENDURCH

SCHWIERIGKEITSGRAD: EINFACH

Espresso-Schoko-Trüffel mit Honig und Vanille

260 g Konditorsahne (35 % Fettgehalt)
20 g geröstete Kaffeebohnen für Espresso, zerstoßen
1 TL Honig
1 TL Vanillepaste
1 Prise Meersalz
520 g hochwertige Vollmilchschokolade, Kakaobutter mind. 30 %, gehackt oder als Pellets
150 g Kakaopulver

SO GELINGT'S

> Wenn Sie warme Hände haben, kühlen Sie sie vor dem Rollen der Kugeln an einem Beutel tiefgefrorener Erbsen ab.

... NOCH BESSER

> Statt Kaffee können Sie auch Gewürze wie Zimt, Sternanis oder Vanille zum Aromatisieren der Sahne verwenden.

> Zum Wälzen eignen sich anstelle von Kakaopulver auch geröstete, grob gehackte Nusskerne.

Espresso-Fans werden bei diesen Trüffeln dahinschmelzen. Sie mögen klein sein, aber ihr intensiver Geschmack nach Espresso und Schokolade, verfeinert mit einem Hauch von Honig und Vanille, ist umwerfend gut. Sie eignen sich auch hervorragend als Geschenk, falls Sie sich dazu durchringen können, sie herzugeben. Am besten am Vortag beginnen.

Die Sahne in einem Topf bei mittlerer Hitze zum Kochen bringen.

Vom Herd nehmen und die zerkleinerten Kaffeebohnen einrühren. Den Deckel auflegen und das Ganze 10 Minuten aromatisieren lassen.

Die Sahne durch ein feines Sieb in einen zweiten Topf gießen. Honig, Vanille und Salz hinzufügen. Bei mittlerer Hitze zum Kochen bringen.

Die Schokolade in einer mikrowellengeeigneten Plastikschüssel temperieren: auf höchster Stufe in Intervallen von 30 Sekunden in der Mikrowelle erhitzen, zwischendurch umrühren. Wenn etwa die Hälfte der Schokolade flüssig ist, kräftig umrühren.

Die heiße Sahne über die Schokolade gießen und mit dem Schneebesen rühren, bis die Schokolade vollständig geschmolzen und eingearbeitet ist.

Mit Plastikfolie abdecken (direkt auf der Oberfläche) und bei Zimmertemperatur mindestens 8 Stunden oder über Nacht fest werden lassen.

Von der Masse teelöffelweise Portionen abstechen und mit den Händen zu Kugeln rollen. Diese in dem Kakaopulver wälzen.

Die Trüffel können in einem luftdichten Behälter bei Zimmertemperatur (unter 25 °C) bis zu 7 Tage aufbewahrt werden.

FÜR 6–8 PERSONEN

PERFEKT FÜR EINEN FEINEN BRUNCH

SCHWIERIGKEITSGRAD: EINFACH

Arme Ritter mit Schoko-Aufstrich und Rumrosinen

SCHOKO-AUFSTRICH MIT RUMROSINEN

30 g Rosinen, grob gehackt
30 ml Rum
20 g Konditorsahne (35 % Fettgehalt)
100 ml gesüßte Kondensmilch
10 g Butter
1 Prise Salz
100 g hochwertige Vollmilchschokolade, Kakaobutter mind. 30 %, gehackt oder als Pellets

ARME RITTER

190 ml Milch
1 Sternanis
Mark von 2 Vanilleschoten
20 g Zucker
40 g Eigelb
90 g hochwertige weiße Schokolade, Kakaobutter mind. 28 %, gehackt oder als Pellets
75 g Konditorsahne (35 % Fettgehalt)
1 großes Baguette (ausreichend für 6–8 Personen)
Puderzucker zum Bestäuben

Dieses einfache Rezept ist einer meiner absoluten Favoriten in diesem Buch. Die Armen Ritter werden mit Baguette zubereitet und hier mit weißer Schokolade verfeinert. Serviert werden sie mit einem seidigen Schokoladenaufstrich samt Rumrosinen. Ich garantiere: Dies wird ein echter Renner beim nächsten Brunch.

Für den Aufstrich die Rosinen in einer Schüssel mit Rum übergießen und die Schüssel mit Frischhaltefolie abdecken. So lange wie möglich quellen lassen.

Die Sahne in einem Topf bei mittlerer Hitze zum Kochen bringen.

Kondensmilch und Butter sowie etwas Salz bei schwacher Hitze einrühren, bis die Mischung vollständig homogen ist.

Die Schokolade in eine hitzebeständige Schüssel füllen.

Die heiße Mischung aus Kondensmilch und Butter-Sahne über die Schokolade gießen und mit dem Schneebesen rühren, bis alles homogen ist.

Die eingeweichten Rosinen samt noch nicht aufgenommenem Rum unterrühren.

Mit Frischhaltefolie abdecken (direkt auf der Oberfläche) und den Aufstrich vor dem Servieren 2 Stunden bei Zimmertemperatur fest werden lassen.

Für die Armen Ritter die Milch mit Sternanis und Vanille in einem Topf bei mittlerer Hitze zum Kochen bringen.

Inzwischen in einer hitzebeständigen Schüssel den Zucker und das Eigelb verquirlen.

Die heiße Milchmischung in dünnem Strahl und unter Rühren mit dem Schneebesen über die Eier gießen, dann die Mischung zurück in den Topf füllen und unter Rühren vorsichtig erhitzen, bis die Masse 80 °C erreicht.

Die weiße Schokolade in eine weitere hitzebeständige Schüssel legen und die heiße Milch-Eier-Mischung darübergießen.

Bitte umblättern >

SO GELINGT'S

- > Arme Ritter sind ein traditionelles Rezept, um altbackenes Weißbrot zu verbrauchen. Mit frischem Brot gelingen sie dagegen nicht so gut.
- > Die Brotscheiben nicht zu lange im Backofen lassen, sonst wird die Kruste zu dunkel.

... NOCH BESSER

- > So richtig dekadent werden die Armen Ritter, wenn man sie mit Crème brûlée oder 1 Kugel Eis serviert.

Verquirlen, bis die Schokolade vollständig geschmolzen und eingearbeitet ist. Die Sahne mit dem Schneebesen unterrühren.

Den Backofen auf 250 °C (Umluft) vorheizen.

Das Baguette in 1 cm dicke Scheiben schneiden, in die Sahne-Eier-Mischung tauchen und auf ein mit Backpapier ausgelegtes Backblech legen.

Jede Scheibe mit etwas Puderzucker bestäuben. Im Backofen 6–7 Minuten goldbraun backen.

Herausnehmen und bei Zimmertemperatur abkühlen lassen.

Die Armen Ritter sollten am Tag der Zubereitung verzehrt werden. Der Aufstrich kann an einem trockenen Ort bei kühler Zimmertemperatur 7 Tage aufbewahrt werden. Im Kühlschrank wird er zu fest zum Verstreichen.

ERGIBT 10 STÜCK

PERFEKT ZUM FRÜHSTÜCK ODER BRUNCH

SCHWIERIGKEITSGRAD: EINFACH

Glänzende Briochebrötchen mit Schokolade

250 g Mehl, Type 550
25 g Zucker
5 g Salz
12 g Trockenhefe
150 g verquirltes Ei, Zimmertemperatur
1 Prise gemahlener Zimt
1 Prise frisch geriebene Muskatnuss
125 g weiche Butter, gewürfelt
125 g hochwertige Vollmilchschokolade, Kakaobutter mind. 30 %, gehackt oder als Pellets
Pflanzenöl-Spray zum Einfetten

EISTREICHE

50 g verquirltes Ei
1 TL Milch

Stellen Sie sich leichte, weiche, lockere Brötchen vor – ein einfacher Briocheteig, der mit Schokoladenstückchen und genau der richtigen Menge an Gewürzen verfeinert ist. Sie mögen lieber Brioche in Scheiben? Kein Problem, backen Sie einfach einen ganzen Laib aus dem Teig. Dann muss aber die Backzeit verlängert werden. Warm schmecken diese glänzenden kleinen Brötchen am besten – beginnen Sie am Vortag.

Für den Briocheteig Mehl, Zucker und Salz in einer Schüssel der Küchenmaschine mit Knethaken etwa 1 Minute vermischen. Die Trockenhefe unter Rühren einrieseln lassen.

Die Eier und 50 ml Wasser (Zimmertemperatur) in einer separaten Schüssel mit dem Schneebesen verrühren.

Die Eimischung bei niedriger bis mittlerer Geschwindigkeit unter die Mehlmischung kneten.

Den Zimt und die Muskatnuss untermischen, dabei darauf achten, dass keine trockenen Zutaten am Boden der Schüssel zurückbleiben. Auf mittlerer Stufe 10 Minuten kneten.

Bei laufender Maschine die Butter allmählich über einen Zeitraum von 5 Minuten hinzufügen, danach den Teig weitere 15 Minuten kneten.

Abschließend die Schokolade stückweise untermischen.

Den Teig in eine leicht gefettete Schüssel füllen und diese dicht mit Frischhaltefolie abdecken. Bei Zimmertemperatur (23–25 °C) 30 Minuten ruhen lassen.

Über Nacht in den Kühlschrank stellen.

Arbeitsfläche, Waage und Hände leicht mit Pflanzenöl einsprühen, dann aus dem Teig 10 Kugeln (à 70 g) formen.

Diese auf ein mit Backpapier ausgelegtes Backblech legen. Dabei genug Abstand dazwischen lassen, damit der Teig noch Platz zum Aufgehen hat.

Das Blech locker mit Frischhaltefolie abdecken und die Briochebrötchen bei Zimmertemperatur 3½–4 Stunden ruhen lassen.

Bitte umblättern >

SO GELINGT'S

- Die Butter früh genug aus dem Kühlschrank nehmen, damit sie weich wird.
- Die Gare kann jederzeit unterbrochen werden, indem man den Teig einfriert.

… NOCH BESSER

- Sie können zusammen mit der Schokolade noch Trockenfrüchte unter den Teig mischen: für mehr Aroma und Crunch.
- Spritzt man ein Kreuz aus einer Paste aus Mehl und Wasser auf die Oberseite, werden die Brioches zu englischen Hot Cross Buns (Karfreitagsbrötchen).

Für die Glasur das Ei mit Milch in einer Schüssel mit einem Schneebesen verschlagen. Beiseitestellen.

Den Backofen auf 170 °C (Umluft) vorheizen.

Die Frischhaltefolie vom Blech mit den Brioches abnehmen. Die Oberfläche der Brötchen mit der vorbereiteten Eistreiche einpinseln, dann die Brioches 13 Minuten im Ofen goldbraun backen.

Aus dem Ofen nehmen und vor dem Servieren leicht abkühlen lassen.

Die Brötchen werden am besten innerhalb von 2–3 Tagen nach dem Backen verzehrt. In einem luftdicht verschlossenen Behälter bei Zimmertemperatur aufbewahren.

FÜR 5 PERSONEN

PERFEKT ALS WARMES DESSERT IM WINTER

SCHWIERIGKEITSGRAD: EINFACH

Gedämpfter Schokopudding mit heißer Karamellsauce

SCHOKOPUDDING

100 g verquirltes Ei, Zimmertemperatur
100 g weiche Butter
1 TL Vanilleextrakt
50 g Zucker
50 g Rohrohrzucker
100 g Mehl, Type 405, gesiebt
1 TL Backpulver
1 Prise Meersalz
100 g hochwertige Zartbitterschokolade, Kakaobutter mind. 57 %, gehackt oder als Pellets, gehackt
60 g Konditorsahne (35 % Fettgehalt)
150 g hochwertige Vollmilch-Schokoladentropfen
Pflanzenöl-Spray zum Einfetten

SCHOKO-KARAMELLSAUCE

200 g Konditorsahne (35 % Fettgehalt)
30 ml Golden Syrup (heller Sirup aus Zuckerrohr oder -rüben)
150 g hochwertige Vollmilchschokolade, Kakaobutter mind. 30 %, gehackt oder als Pellets

ZUM SERVIEREN

125 g frische Himbeeren

Wer lässt sich nicht von einem warmen Schokopudding mit cremiger Sauce verführen? An diesem Rezept liebe ich vor allem die heiße, glänzende Karamellsauce, aber auch der schokoladige Duft ist überwältigend gut. Das ist der Stoff, aus dem süße Träume gemacht sind.

Für den gedämpften Schokoladenpudding den Backofen auf 140 °C (Umluft) vorheizen.

Weiche Butter, Vanille und sämtlichen Zucker in der Küchenmaschine mit dem Flachrührer schaumig schlagen.

Das verquirlte Ei nach und nach bei mittlerer Geschwindigkeit in die Buttermasse einrühren.

Das Mehl mit Backpulver und Salz vorsichtig unterheben.

Die dunkle Schokolade unter Rühren in einer mikrowellengeeigneten Schüssel in Intervallen von 30 Sekunden in der Mikrowelle erhitzen, bis sie vollständig geschmolzen ist. Zwischendurch umrühren.

Die geschmolzene Schokolade und die Sahne unter den Teig heben, dann die hellen Schokoladentropfen untermischen.

Den Teig gleichmäßig auf fünf ofenfeste Portionsschälchen (à 250 ml Fassungsvermögen) verteilen.

Jedes Schälchen mit einer auf Formgröße geschnittenen Lage gefettetem Backpapier und einem Stück Alufolie abdecken, dann die Schälchen nebeneinander in eine große Backform oder Auflaufform stellen.

Kochendes Wasser in die Form gießen, bis es bis zur halben Höhe der Schälchen reicht.

Die Backform vorsichtig in den Ofen schieben und das Dessert etwa 40 Minuten backen, bis es aufgegangen ist und sich fest anfühlt. An einem eingestochenen Stäbchen sollten keine Reste mehr haften.

Bitte umblättern >

… NOCH BESSER

> Die Desserts sehen besonders schön aus, wenn man sie in dekorativen ofenfesten Kaffeetassen zubereitet.

Für die Karamellsauce die Sahne mit dem Golden Syrup in einem Topf bei mittlerer Hitze erwärmen, bis die Mischung zu kochen beginnt.

Vom Herd nehmen, die Mischung über die Schokolade in einer hitzebeständigen Schüssel gießen und mit einem Schneebesen verrühren.

Die Karamellsauce in ein Serviergefäß mit Ausguss umfüllen.

Die noch warmen Puddings mit der Sauce überziehen und mit frischen Himbeeren garniert servieren.

Am besten schmeckt das Dessert frisch aus dem Ofen. Sie können den Teig aber am Vortag mischen und ungebacken im Kühlschrank aufbewahren. Am Folgetag dann backen und warm servieren.

Die Sauce kann am Vortag zubereitet werden. Auf der Oberfläche mit Frischhaltefolie abdecken und vor dem Servieren wieder aufwärmen.

ERGIBT 12 STÜCK

PERFEKT ZUM FRÜHSTÜCK ODER BRUNCH

SCHWIERIGKEITSGRAD: MITTEL

Zimtschnecken mit Schokolade und Karamell

TEIG

240 ml Milch
16 g Trockenhefe
70 g Zucker
70 g verquirltes Ei, Zimmertemperatur
30 g Eigelb, Zimmertemperatur
80 g Butter, zerlassen
540 g Mehl, Type 550, plus mehr zum Arbeiten
¾ TL Salz
Pflanzenöl-Spray zum Einfetten

FÜLLUNG

60 g weiche Butter
60 g heller Rohrohrzucker
1 Prise gemahlener Zimt
120 g hochwertige Vollmilchschokolade, Kakaobutter mind. 30 %, gehackt
Pflanzenöl-Spray zum Einfetten

ZUCKERSIRUP

100 g Zucker

SCHOKOLADENGLASUR

100 g Puderzucker
½ TL Kakaopulver
1 Prise gemahlener Zimt

Zimtschnecken – das klingt nach Gemütlichkeit. Schon der Duft dieser Schnecken ist umwerfend, darum kommen diese Schnecken bei uns zu Hause oft auf den Tisch. Ich verrate auch, wie Sie die Schnecken vorbereiten können, um sie ofenwarm zum Frühstück zu servieren.

Für den Teig die Milch in einem Topf bei schwacher Hitze auf 40 °C erwärmen, dann in die Schüssel einer Küchenmaschine mit Knethaken umfüllen.

Die Hefe in die warme Milch streuen. Zucker, Ei, Eigelb und flüssige Butter unter Rühren hinzufügen. Alles auf mittlerer Stufe verrühren, bis sich eine glatte Masse ergibt.

Das Mehl mit Salz untermischen, bis alles bindet.

Den Teig auf mittlerer Stufe (oder mit der Hand etwas länger) 8 Minuten kneten.

Den Teig, der jetzt eine leicht klebrige Kugel bildet, in eine dünn eingeölte Schüssel legen. Diese mit Frischhaltefolie und einem warmen Handtuch abdecken. Den Teig bei Zimmertemperatur bis zu 1½ Stunden ruhen lassen, bis sich sein Volumen verdoppelt hat.

Den Teig auf einer leicht bemehlten Arbeitsfläche rechteckig (30 × 35 cm) ausrollen.

Zum Füllen der Schnecken die weiche Butter gleichmäßig auf dem Teig verteilen, dabei einen 1,5 cm breiten Rand an den Längskanten des Rechtecks frei lassen.

Zucker mit Zimt in einer Schüssel vermischen, dann über die Butter streuen. Mit der Rückseite eines Löffels gleichmäßig verteilen.

Die Schokoladenstücke über die Zucker-Zimt-Schicht streuen.

Den Teig von der kurzen Seite her fest aufrollen und die Rolle so ausrichten, dass die Naht unten liegt.

Die Teigrolle mit einem scharfen Messer in 12 etwa 2,5 cm dicke Scheiben schneiden.

Bitte umblättern >

PANNENHILFE

> Wenn Ihr Teig nicht aufgeht, liegt das daran, dass die Hefe nicht aktiv ist. Das kann verschiedene Gründe haben: Entweder ist die Trockenhefe alt oder die Milch war zu heiß. Sie können eine Schüssel mit dampfend heißem Wasser zum Hefeteig in eine verschlossene große Plastiktüte stellen. Manchmal aktiviert das die letzten Hefereste. Wenn sich nach 1,5 Stunden nichts tut, müssen Sie allerdings einen neuen Teig ansetzen.

… NOCH BESSER

> Wer die Schnecken morgens backen möchte, kann sie 12–14 Stunden (über Nacht) in den Kühlschrank stellen, wo sie langsamer aufgehen. Vor dem Backen sollten sie aber wieder Zimmertemperatur annehmen.

Eine Backform (22 x 32 cm) dünn mit Pflanzenöl einfetten.

Die Schnecken gleichmäßig in der Form anordnen, mit den Schnittflächen nach oben.

Das Ganze mit Frischhaltefolie und einem warmen Handtuch abdecken. Bei Zimmertemperatur 40–45 Minuten ruhen lassen.

Den Backofen auf 170 °C (Umluft) vorheizen.

Die Schnecken 20 Minuten im Ofen backen, bis sie hellbraun sind.

Inzwischen für den Zuckersirup den Zucker mit 60 ml Wasser in einem kleinen Topf bei mittlerer Hitze zum Kochen bringen. Gemeinsam 1–2 Minuten kochen lassen, bis ein Sirup entsteht.

Die Schnecken sofort nach dem Herausnehmen aus dem Ofen mit dem Sirup einpinseln.

Leicht abkühlen lassen, inzwischen die Schokoladenglasur zubereiten.

Dafür Puderzucker, 1 EL Wasser, Kakaopulver und gemahlenen Zimt in einer Schüssel verrühren.

Die Schokoladenglasur über die leicht abgekühlten Schnecken träufeln.

Die Schnecken schmecken am besten frisch aus dem Ofen, können aber auch in einem luftdichten Behälter 2 Tage aufbewahrt werden. Noch ungebacken können sie bis zu 4 Wochen eingefroren werden.

ERGIBT 12 STÜCK

PERFEKT FÜR GÄSTE ODER EIN DESSERT-BÜFETT

SCHWIERIGKEITSGRAD: ANSPRUCHSVOLL

Törtchen mit gebackener Haselnusscreme und Karamell

TEIG

150 g Butter, gewürfelt
100 g Rohrohrzucker
30 g gemahlene Haselnusskerne
50 g verquirltes Ei
260 g Mehl, plus mehr zum Arbeiten
½ TL Salz
½ TL Backpulver
Pflanzenöl-Spray zum Einfetten

GEBACKENE HASELNUSSCREME

75 g verquirltes Ei
50 g Zucker
35 g gemahlene Haselnusskerne
25 g Haselnusskerne, leicht geröstet und grob gehackt

HASELNUSSKARAMELL

35 g hochwertige Vollmilchschokolade, Kakaobutter mind. 30 %, gehackt
35 g Honig
120 g Konditorsahne (35 % Fettgehalt)
abgeriebene Schale von 1 Bio-Orange
1 TL Vanillepaste
35 g Glukosesirup
½ TL Meersalz
95 g Zucker
70 g Haselnusskerne, geröstet und grob gehackt

Diese kleinen Törtchen mit ihrer klebrigen Füllung mit gerösteten Haselnusskernen kommen immer gut an. Ihr Reiz liegt in den kontrastierenden Texturen und dem zarten Hauch von Orangenschale. Wer möchte, kann statt Törtchen auch eine große Tarte aus den Zutaten zubereiten. Dann die Backzeit verlängern. Dieses Gebäck ist immer ein Genuss.

Für den Teig 12 Backringe (etwa Ø 7,5 cm, Höhe 1 cm) auf ein mit Backpapier ausgelegtes Backblech setzen.

Die Butter in einer Schüssel in der Küchenmaschine mit dem Flachrührer glatt schlagen.

Zucker, gemahlene Haselnusskerne und Ei unterrühren.

Mehl, Salz und Backpulver untermischen, bis sich alle Zutaten zu einem glatten Teig verbinden.

Den Teig zu einem gleichmäßigen, flachen Quadrat formen und in Frischhaltefolie wickeln. Dann etwa 30 Minuten in den Kühlschrank stellen.

Den Backofen auf 170 °C (Umluft) vorheizen.

Die Arbeitsfläche leicht bemehlen und den Teig darauf etwa 3 mm dünn ausrollen. Mit einem runden Ausstecher (Ø 9,5 cm) 12 Taler aus dem Teig formen.

Die Backringe einfetten und die Taler hineinlegen, sodass sich halbhohe Ränder ergeben.

Den Teig mit Backpapier belegen und mit ungekochtem Reis füllen. So 10 Minuten im Ofen blindbacken.

Anschließend Reis und Backpapier entfernen und die Böden bis zur Verwendung bei Zimmertemperatur beiseitestellen.

Für die gebackene Haselnusscreme den Backofen auf 165 °C (Umluft) heizen.

Ei, Zucker und gemahlene Haselnusskerne in einer Schüssel verrühren.

SO GELINGT'S

> Der Teig muss gekühlt werden, bevor er ausgerollt wird. Dafür nur die Hälfte ausrollen und den restlichen Teig erst einmal im Kühlschrank aufbewahren.

> Die Teigreste der ersten Teighälfte vor dem Ausrollen in den restlichen Teig drücken.

> Bei der Herstellung des Karamells nur vorsichtig rühren, denn durch kräftige Bewegungen kristallisiert der Zucker aus. Deshalb kann man den Topf auch nur schwenken.

... NOCH BESSER

> Wenn Sie von Karamell einfach nicht genug bekommen können, verwenden Sie für den Haselnusskaramell statt der Vollmilchschokolade die Goldkaramell-Kuvertüre von Callebaut.

Die grob gehackten Haselnusskerne unterrühren.

Die Masse in die vorgebackenen und leicht abgekühlten Böden löffeln, sodass jedes Törtchen halb gefüllt ist.

Im Backofen 10–12 Minuten backen, bis die Törtchen hell goldbraun sind.

Für den Haselnusskaramell die Vollmilchschokolade in eine hitzebeständige Schüssel füllen und beiseitestellen.

Honig, Sahne, Orangenschale, Vanille, Glukosesirup und Salz in einem Topf bei mittlerer Hitze zum Kochen bringen.

Nach dem Aufkochen die Sahnemischung durch ein Sieb in eine Schüssel gießen. Beiseitestellen und warm halten.

Den Zucker in einem weiten Topf auf mittlerer Stufe erhitzen. Mit einem Spatel vorsichtig umrühren, bis er sich vollständig aufgelöst hat (oder den Topf nur schwenken) und karamellisiert, dann vom Herd nehmen.

Die warme Sahnemischung zum Karamell gießen und mit dem Schneebesen verrühren.

Den Topf wieder auf den Herd stellen und die Mischung bei schwacher Hitze 1 Minute kochen.

Den Karamell über die Vollmilchschokolade gießen und rühren, bis die Schokolade vollständig geschmolzen und in den Karamell eingearbeitet ist.

Die gehackten Haselnusskerne unterrühren.

Den Karamell auf der gebackenen Haselnusscreme in den Törtchen verteilen.

Die Törtchen können in einem luftdichten Behälter bis zu 4 Tage bei Zimmertemperatur aufbewahrt werden, schmecken aber frisch am besten.

Der Karamell kann 1 Tag im Voraus zubereitet werden. Danach mit Frischhaltefolie abdecken (direkt auf der Oberfläche) und bis zur Verwendung bei Zimmertemperatur aufbewahren. Wenn der Karamell beim Erkalten zu fest wird, erwärmen Sie ihn in kurzen Intervallen in der Mikrowelle, bis er wieder gießfähig ist.

Fotos folgende Seiten >

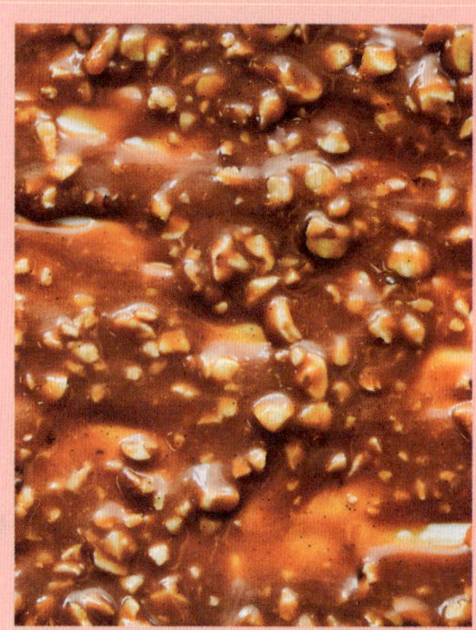

ERGIBT 8 STÜCK

PERFEKT FÜR ABSOLUT JEDE GELEGENHEIT

SCHWIERIGKEITSGRAD: MITTEL

Donuts mit Baiserhaube und Schokoladensauce

DONUTS MIT SCHOKOCHIPS

190 ml Milch
35 ml warmes Wasser (Körpertemperatur, etwa 35 °C)
7 g Trockenhefe
60 g verquirltes Ei
40 g Zucker
¾ TL Salz
325 g Mehl, Type 405, plus mehr zum Arbeiten
35 g weiche Butter
150 g hochwertige Vollmilch-Schokoladentropfen
Pflanzenöl zum Frittieren (etwa 3 l), plus mehr zum Einfetten

BAISERHAUBE

150 g Zucker
75 g Eiweiß, Zimmertemperatur
60 g hochwertige Zartbitterschokolade, Kakaobutter mind. 57 %, gehackt oder als Pellets, gehackt

SCHOKOLADENSAUCE

100 g Konditorsahne (35 % Fettgehalt)
1 EL Glukosesirup
1 EL Kokosöl
175 g hochwertige Zartbitterschokolade, Kakaobutter mind. 57 %, gehackt oder als Pellets, gehackt

Das Besondere an diesen Donuts ist zweifellos der köstliche, mit Schokolade marmorierte Baiserbelag. Dies sind keine gewöhnlichen Donuts, sondern eine Leckerei zum Dahinschmelzen: lockerer Teig mit einer luftigen und zugleich klebrigen Verzierung. Da kann man sich schwer zurückhalten!

Für die Donuts die Milch in einem mittelgroßen Topf bei schwacher Hitze etwa auf Körpertemperatur erwärmen.

Das warme Wasser in eine Rührschüssel der Küchenmaschine gießen und die Hefe einstreuen. So 5 Minuten stehen lassen.

Anschließend die warme Milch mit Eiern, Zucker, Salz und der Hälfte des Mehls zum Hefewasser in der Küchenmaschine mit dem Flachrührer vermischen.

Einen Knethaken einsetzen und die Mischung 1 Minute verkneten. Dann das restliche Mehl hinzufügen.

Kneten, bis sich der Teig von den Wänden der Schüssel löst.

Bei mittlerer Geschwindigkeit weitere 4 Minuten kneten, damit sich das Gluten entwickelt.

Bei laufender Maschine nach und nach die weiche Butter in den Teig einarbeiten. Sobald die gesamte Butter hinzugefügt wurde, alles weitere 4 Minuten kneten. Der Teig sollte recht weich sein.

Abschließend die Schokoladenstückchen untermischen.

Den Teig in einer leicht geölten Schüssel mit einem feuchten Geschirrtuch abdecken. So 1 Stunde bei Zimmertemperatur ruhen lassen.

Wenn sich das Volumen verdoppelt hat, die Luft mit einer geschlossenen Faust aus dem Teig schlagen.

Den Teig auf einer leicht bemehlten Arbeitsfläche etwa 1 cm dick ausrollen.

Bitte umblättern >

SO GELINGT'S

> Einige der ausgestochenen Mittelstücke aufbewahren. Mit ihnen kann man gut prüfen, ob das Öl schon heiß genug ist.

... NOCH BESSER

> Das Kokosöl in der Schokosauce sorgt für einen tollen Geschmack und unglaublichen Glanz, kann aber auch durch Sahne ersetzt werden.

Daraus Donuts stechen. Wer keinen Donut-Ausstecher hat, verwendet zwei runde Ausstecher (Ø 6 cm und 2 cm). Die Donuts auf einzelne 10 cm große Quadrate aus Backpapier legen.

Die Donuts leicht mit Mehl bestäuben und mit einem feuchten Geschirrtuch abdecken. Weitere 30 Minuten bei Zimmertemperatur ruhen lassen.

Das Pflanzenöl in eine Fritteuse oder einen Topf gießen und auf 170 °C erhitzen. Mit einem Mittelstück die Temperatur testen: Es sollte schön brutzeln, aber 1–2 Minuten zum Bräunen brauchen.

Sobald das Öl die Temperatur erreicht hat, je nach Größe des Topfes 1–3 Donuts auf einmal hineinlegen und jeweils etwa 1 Minute auf jeder Seite goldbraun frittieren.

Die Donuts mit einer Zange aus dem Öl nehmen und direkt auf Küchenpapier legen, um das überschüssige Öl aufzusaugen, und 20 Minuten bei Zimmertemperatur abkühlen lassen.

Inzwischen für die Baiserhaube den Zucker mit Eiweiß in einer hitzebeständigen Schüssel mit dem Schneebesen kurz anschlagen.

Die Schüssel auf einen Topf mit kochendem Wasser stellen und die Masse unter Schlagen erwärmen, bis sie 60 °C erreicht.

Die Masse in einer Rührschüssel der Küchenmaschine mit dem Schneebesen schlagen, bis sie abgekühlt ist und der Eischnee feste Spitzen bildet.

Inzwischen die Schokolade in einer mikrowellengeeigneten Plastikschüssel auf höchster Stufe in der Mikrowelle erhitzen, bis sie vollständig geschmolzen ist. Zwischendurch umrühren.

Die flüssige Schokolade 1 Minute unter die Baisermasse rühren. Bei Zimmertemperatur beiseitestellen.

Für die Schokoladensauce die Sahne mit Glukosesirup und Kokosöl in einem Topf bei mittlerer Hitze zum Kochen bringen.

Die dunkle Schokolade in einer hitzebeständigen Schüssel mit der heißen Sahnemischung übergießen. Verquirlen, bis die Schokolade vollständig eingearbeitet ist.

Die Baisermasse auf den Donuts verteilen.

Die Schokoladensauce über das Baiser träufeln und mit einem Teelöffel leicht marmorieren.

Diese Donuts sollten am Tag der Zubereitung verzehrt werden. Bis zum Servieren bei Zimmertemperatur aufbewahren.

FÜR 6 PERSONEN | PERFEKT FÜR KALTE WINTERABENDE, ESSEN MIT GÄSTEN | SCHWIERIGKEITSGRAD: MITTEL

Saftige Dattelküchlein mit Ganache-Kern und Karamellsauce

GANACHE-KERN

75 g hochwertige Zartbitterschokolade, Kakaobutter mind. 57 %, gehackt oder als Pellets
50 g Konditorsahne (35 % Fettgehalt)

KARAMELLSAUCE

75 g Konditorsahne (35 % Fettgehalt)
¼ TL Meersalz
175 g Zucker
125 g Butter, gewürfelt
50 g hochwertige Vollmilchschokolade, Kakaobutter mind. 30 %, gehackt oder als Pellets
75 g Glukosesirup

DATTELKÜCHLEIN

Pflanzenöl-Spray zum Einfetten
95 g Mehl, gesiebt, plus mehr zum Arbeiten
140 g Datteln, entsteint und grob gehackt
½ TL Backnatron
40 g weiche Butter
20 g Rohrohrzucker
55 g verquirltes Ei, Zimmertemperatur
¾ TL Backpulver
30 g hochwertige Vollmilch-Schokoladentropfen

Was macht ein dampfend heißes, klebriges Dattelküchlein noch unwiderstehlicher? Natürlich Schokolade – in diesem Fall eine cremige Sauce mit feiner Karamellnote. Und wenn man das Dessert mit dem Löffel ansticht, wartet noch eine schokoladige Überraschung …

Für die Ganache die dunkle Schokolade temperieren: in einer mikrowellengeeigneten Plastikschüssel auf höchster Stufe in Intervallen von 30 Sekunden in der Mikrowelle erhitzen, bis sie zur Hälfte geschmolzen ist.

Die Sahne in einem kleinen Topf sanft erhitzen, bis sie Blasen wirft. Die Sahne darf nicht kochen, da nicht zu viel Flüssigkeit verdampfen soll.

Die heiße Sahne über die halb geschmolzene Schokolade gießen und mit dem Schneebesen schlagen, bis die Schokolade vollständig geschmolzen und in die Sahne eingearbeitet ist. Diese Ganache bei Zimmertemperatur fest werden lassen.

Die Masse in sechs gleich große Portionen aufteilen und diese auf ein mit Backpapier ausgelegtes Blech setzen. Vollständig einfrieren, das dauert mindestens 4 Stunden.

Für die Karamellsauce die Sahne mit Salz in einem Topf bei mittlerer Hitze zum Kochen bringen. Vom Herd nehmen und beiseitestellen.

Den Zucker in einem separaten Topf auflösen und weiter erhitzen, bis er eine goldgelbe Karamellfarbe annimmt. Dabei am besten den Topf nur schwenken, den Inhalt nicht umrühren (siehe Tipp Seite 79). Wenn der Zucker schnell karamellisiert, aber noch klumpt, die Hitze reduzieren, damit der Zucker schmelzen kann, bevor der Karamell verbrennt.

Die noch warme Sahne vorsichtig über den Karamell gießen und bei schwacher Hitze mit dem Schneebesen verrühren.

Vom Herd nehmen und die Butter stückweise mit dem Schneebesen einarbeiten.

Bitte umblättern >

Die Schokolade in eine hitzebeständige Schüssel füllen. Sobald die Butter vollständig im Karamell eingearbeitet ist, den Glukosesirup unterrühren, dann diese Masse über die Schokolade gießen. So lange rühren, bis die Schokolade vollständig geschmolzen und eingearbeitet ist.

Mit Frischhaltefolie abdecken (direkt auf der Oberfläche) und bei Zimmertemperatur beiseitestellen.

Für die Küchlein sechs Förmchen (à 100 ml Fassungsvermögen) oder ofenfeste Kaffeetassen mit etwas Öl einsprühen und mit einer dünnen Schicht Mehl bestäuben.

Den Backofen auf 165 °C (Umluft) vorheizen.

Die Datteln in eine hitzebeständige Schüssel füllen und mit dem Natron bestreuen. Mit 125 ml kochendem Wasser übergießen und 10 Minuten bei Zimmertemperatur einweichen lassen, dann mit einem Kartoffelstampfer zu einer stückigen Masse verarbeiten.

Die Butter mit dem Zucker cremig rühren. Das Ei unterrühren.

Das gesiebte Mehl mit dem Backpulver vermischen und unterrühren.

Dattelmasse und Schokotropfen zügig unter den Teig rühren, bis beides gut eingearbeitet ist.

Die Hälfte des Teigs gleichmäßig auf die vorbereiteten Ofenförmchen oder Tassen aufteilen.

Die vorbereitete gefrorene Ganache in die Mitte der Förmchen setzen, dann mit dem restlichen Teig bedecken.

Die Küchlein 15–17 Minuten im Ofen backen, bis sie oben leicht gebräunt und in der Mitte noch weich sind.

Einige Minuten bei Zimmertemperatur abkühlen lassen, dann die Desserts vorsichtig aus den Förmchen stürzen (siehe Tipp). Die Küchlein auf tiefe Servierteller setzen, mit der Karamellsauce übergießen und heiß servieren.

Der Teig kann am Vortag zubereitet und roh im Kühlschrank aufbewahrt werden. Am Folgetag frisch backen und warm servieren. Sie können auch die Sauce am Vortag zubereiten. Dann direkt auf der Oberfläche bis zum Servieren mit Frischhaltefolie abdecken.

Oder frieren Sie den rohen Teig ein. Vor dem Backen bei Zimmertemperatur oder im Kühlschrank auftauen lassen.

PANNENHILFE

> Wenn der erste Pudding beim Stürzen aus der Form zerbricht, garen Sie die restlichen noch etwas länger. Wenn Sie dieses Risiko vermeiden möchten, können Sie diese Puddings britischer Art auch in den Förmchen servieren.

… NOCH BESSER

> Wenn Ihnen die Karamellsauce gut schmeckt, können Sie die Mengen auch verdoppeln.

FÜR 6 PERSONEN | PERFEKT FÜR GÄSTE | SCHWIERIGKEITSGRAD: ANSPRUCHSVOLL

Ganze Birnen mit Ingwer-Ganache in weißen Schoko-Nestern

WEISSE SCHOKO-NESTER

200 g hochwertige weiße Schokolade, Kakaobutter mind. 28 %, gehackt oder als Pellets

INGWER-GANACHE

480 g hochwertige Vollmilchschokolade, Kakaobutter mind. 30 %, gehackt oder als Pellets
240 g Konditorsahne (35 % Fettgehalt)
15 g Glukosesirup
30 ml Ingwersaft (frisch geriebenen Ingwer in einem feinen Sieb auspressen)
1 Prise gemahlener Ingwer
1 Prise Meersalz
70 g Butter, gewürfelt

POCHIERTE BIRNEN

6 Birnen, reif, aber noch fest
750 ml Moscato oder anderer süßer Dessertwein
400 g Zucker
1 Zimtstange, in Hälften gebrochen
2 EL Honig
1 Stück Ingwer (2 cm), geschält und fein gehackt
1 TL Vanillepaste

Dieses Meisterwerk eignet sich hervorragend als Krönung eines festlichen Menüs. Ganze Birnen werden in süßem Dessertwein pochiert, mit seidiger Ganache gefüllt und umhüllt. Sie sitzen in einem Nest aus gespritzter weißer Schokolade. Garantierter Wow-Effekt! Am besten am Vortag beginnen.

Für die Schoko-Nester eine Granit- oder Marmorplatte oder ein schweres Tablett in das Gefrierfach legen, am besten über Nacht (siehe Tipp Seite 92).

Für die Ingwer-Ganache die Vollmilchschokolade in eine hitzebeständige Rührschüssel füllen.

Sahne, Glukosesirup, Ingwersaft, gemahlenen Ingwer und Salz in einem Kochtopf bei mittlerer Hitze zum Kochen bringen.

Die heiße Mischung über die Schokolade gießen und verrühren, bis sie vollständig geschmolzen und eingearbeitet ist.

Die Butter stückchenweise so lange einrühren, bis die Masse glatt ist und glänzt.

Die Ganache mit Frischhaltefolie abdecken (direkt auf der Oberfläche) und bei Zimmertemperatur 5 Stunden beiseitestellen, bis sie fest ist.

Die Birnen schälen, dabei die Stiele dranlassen. Das Fruchtfleisch mit einem Sparschäler glätten, damit die Oberfläche ebener ist.

In einem Topf, der groß genug ist, um alle Birnen aufzunehmen, den Dessertwein mit 400 ml Wasser, Zucker, Zimt, Honig, Ingwer und Vanille verrühren. Die Mischung bei mittlerer Hitze unter gelegentlichem Rühren zum Köcheln bringen, bis sich der Honig aufgelöst hat.

Die Hitze reduzieren, die Birnen in die Flüssigkeit legen und 25–30 Minuten unter gelegentlichem Wenden darin pochieren, bis sie weich sind (siehe Tipp Seite 92). Wenn die Birnen eher kleiner sind, die Kochzeit um 5 Minuten verkürzen.

Die Birnen aus der Flüssigkeit heben, in eine Schüssel legen und vollständig abkühlen lassen. Bis zur weiteren Verwendung in den Kühlschrank stellen.

Bitte umblättern >

SO GELINGT'S

- Wenn Sie keine Steinplatte haben, können Sie die Schoko-Nester auch herstellen, indem Sie die temperierte Schokolade in einzelnen Kreisen auf ein Blatt Backpapier spritzen. Wenn die Schokolade ausgehärtet ist, die Schokokreise zu Nestern stapeln.
- Birnen garen je nach Sorte unterschiedlich. Es empfiehlt sich, sie während des Kochens mit einem spitzen Küchenmesser einzustechen, um zu prüfen, ob sie gar (also weich) sind.

PANNENHILFE

- Wenn die Ganache kurz nach der Zubereitung körnig aussieht, schlagen Sie sie kräftig auf. Hilft das nicht, können Sie 2 EL Sahne aufkochen, zur Ganache mischen und erneut aufschlagen.

... NOCH BESSER

- Unter die fertige Ganache noch 30 ml Birnenlikör rühren.

Für die Schoko-Nester weiße Schokolade in einer mikrowellengeeigneten Plastikschüssel in Intervallen von 30 Sekunden auf höchster Stufe erhitzen, zwischendurch umrühren, bis sie gerade geschmolzen ist.

Die flüssige Schokolade in einen Gefrierbeutel oder eine Papierspritztüte füllen und eine kleine Ecke abschneiden.

Ein Geschirrtuch auf die Arbeitsfläche legen und die gekühlte Steinplatte darauf platzieren. Dünne Linien (wie Spaghetti) von 20–30 cm Länge aus Schokolade auf die Steinplatte spritzen und sofort, ehe sie erstarren, anheben und zu Nestern formen. Die Nester müssen so groß sein, dass die Birnen darin Platz finden. Am besten stellen Sie einen Becher mit ähnlichem Durchmesser wie die Birnen kurz ins Gefrierfach und legen die Schokoladenstränge auf der kalten Steinplatte um ihn herum.

Die Schoko-Nester auf der eiskalten Steinplatte etwa 10 Minuten fest werden lassen, dann in einen luftdichten Behälter legen und bei Zimmertemperatur aufbewahren.

Zum Servieren das Blütenende jeder Birne kappen und von unten heraus das Kerngehäuse herauslösen. Das Stielende bleibt intakt.

Die Hälfte der vorbereiteten Ingwer-Schokoladen-Ganache in einen Spritzbeutel mit einer 1-cm-Lochtülle füllen und von unten in die Birnen spritzen. Die Birnen kühl stellen.

Die restliche Ganache in einer mikrowellengeeigneten Plastikschüssel in der Mikrowelle schmelzen, dabei in regelmäßigen Abständen mit einem Spatel vorsichtig umrühren. Sie soll vollständig geschmolzen, aber noch nicht heiß sein.

Ein Backblech mit Backpapier auslegen. Ein Kuchengitter darauflegen und die Birnen daraufsetzen.

Jede Birne mit der geschmolzenen Ganache überziehen. Reste vor dem Anrichten abtropfen lassen.

Die vorbereiteten Schoko-Nester auf Serviertellern anrichten. Kurz vor dem Servieren die Birnen hineinsetzen.

Die Schoko-Nester können bis zu 2 Wochen im Voraus zubereitet und in einem luftdichten Behälter bei Zimmertemperatur (unter 25 °C) aufbewahrt werden. Die Birnen können im Voraus pochiert und in einem luftdichten Behälter bis zu 2 Tage im Kühlschrank aufbewahrt werden. Gefüllt und überzogen werden sie erst kurz vor dem Servieren.

Kapitel 3

Verspielt, besonders, formvollendet

FÜR 10 PERSONEN

PERFEKT FÜR GEBURTSTAGE UND BESONDERE ANLÄSSE

SCHWIERIGKEITSGRAD: EINFACH

Rocky Road Cake

KUCHENMASSE

20 g Butter, zerlassen, plus mehr zum Einfetten
200 g verquirltes Ei
115 g Zucker
Mark von 2 Vanilleschoten
95 g Mehl, Type 405
20 g Kakaopulver
½ TL Salz
30 g Marshmallows, gehackt
45 g hochwertige Vollmilchschokolade, Kakaobutter mind. 30 %, gehackt oder als Pellets
35 g geröstete, gesalzene Erdnusskerne, grob gehackt
60 g frische Himbeeren

GANACHE

200 g Konditorsahne (35 % Fettgehalt)
250 g hochwertige Vollmilchschokolade, Kakaobutter mind. 30 %, gehackt oder als Pellets

ZUM SERVIEREN

45 g hochwertige Vollmilchschokolade, Kakaobutter mind. 30 %, gehackt oder als Pellets
30 g Marshmallows, gehackt
25 g geröstete, gesalzene Erdnusskerne, grob gehackt
60 g frische Himbeeren

Unwiderstehlich! Dieses Prachtstück ist mit köstlicher Ganache überzogen und wird mit einem Kranz aus frischen Himbeeren, Erdnusskernen, Marshmallows und Vollmilchschokoladenstücken gekrönt. Und auch das Innere hält noch eine Überraschung bereit. Das ist nicht irgendein Schokoladenkuchen!

Für den Kuchen den Backofen auf 170 °C (Umluft) vorheizen. Eine runde Backform (Ø 18 cm) einfetten.

Eier, Zucker und Vanille in einer Küchenmaschine mit dem Schneebesen 5 Minuten schaumig schlagen (siehe Tipp Seite 98).

Um zu prüfen, ob genug geschlagen wurde, den Schneebesen anheben: Die Kleckse, die zurück in die Schüssel tropfen, sollten einen Moment auf der Oberfläche der Masse in der Schüssel liegen bleiben, bevor sie versinken.

Mehl, Kakaopulver und Salz sieben. Die trockene Mischung allmählich unter die geschlagene Eiermasse ziehen.

Eine kleine Menge des Teigs mit der flüssigen Butter verrühren, dann die gesamte Butter unter den Teig heben. Glatt einarbeiten.

Marshmallows, Schokolade, Erdnusskerne und Himbeeren vorsichtig unterheben, bis sie gleichmäßig verteilt sind.

Den Teig in die Kuchenform füllen und 30–35 Minuten im Ofen backen, bis an einem mittig eingestochenen Stäbchen kein Teig mehr haftet.

Den Kuchen aus dem Ofen nehmen und abkühlen lassen.

Für die Ganache die Sahne in einem Topf bei mittlerer Hitze zum Kochen bringen.

Die Schokolade in eine hitzebeständige Schüssel füllen.

Die heiße Sahne über die Schokolade gießen und dabei mit dem Schneebesen rühren, bis die Schokolade vollständig geschmolzen und eingearbeitet ist.

Bitte umblättern >

SO GELINGT'S

> Die Eier 10 Minuten vor der Zubereitung des Teigs in eine Schüssel mit körperwarmem Wasser legen und gelegentlich hin und her bewegen. So erwärmen sie sich und lassen sich dadurch voluminöser aufschlagen.

... NOCH BESSER

> Für einen besonderen Anlass könnten Sie die Marshmallows auf der Oberfläche durch essbare Blüten ersetzen.

Mit Frischhaltefolie abdecken (direkt auf der Oberfläche) und 2 Stunden bei Zimmertemperatur abkühlen lassen, bis die Masse streichfähig ist.

Den fertig gebackenen und abgekühlten Kuchen mit der Ganache bestreichen.

Die Oberseite mit einem Kranz aus Schokoladensplittern, Marshmallows, Erdnusskernen und Himbeeren garnieren.

Bei Zimmertemperatur servieren. Der Kuchen sollte innerhalb weniger Tage nach dem Backen verzehrt werden.

Ohne Garnitur kann der Kuchen bis 4 Tage im Kühlschrank aufbewahrt oder bis zu 4 Wochen eingefroren werden. Nach dem Bestreichen mit der Ganache und dem Garnieren hält sich der Kuchen 3 Tage.

CALLEBAUT

ERGIBT 25 STÜCK

PERFEKT FÜR GÄSTE ODER JEDERZEIT ALS VERGNÜGLICHES DESSERT

SCHWIERIGKEITSGRAD: EINFACH

Heiße Schoko-Churros mit Marshmallow-Dip

MARSHMALLOW-DIP

- 125 g hochwertige Zartbitterschokolade, Kakaobutter mind. 57 %, gehackt oder als Pellets
- 120 g Konditorsahne (35 % Fettgehalt)
- 150 g Marshmallows
- 15 g Butter

SCHOKO-CHURROS

- 300 g Zucker, plus 2 TL
- 1 Prise Salz
- 50 g Butter
- 115 g Mehl, Type 405
- 10 g Kakaopulver
- 100 g verquirltes Ei
- 1 l Rapsöl zum Frittieren
- ½ TL gemahlener Zimt

Churros, aber mit Schokolade. Es ist schon lecker, dieses spanische Fettgebäck in Schokolade zu tunken, aber noch viel besser schmeckt es, wenn auch Schokolade in den Teig eingearbeitet wird. Der Dip ist dickflüssig und sündhaft üppig. Wer dieses dekadente Rezept einmal probiert hat, wird es immer wieder zubereiten.

Für den Marshmallow-Dip die Schokolade in einer mikrowellengeeigneten Plastikschüssel auf höchster Stufe in Intervallen von 30 Sekunden in der Mikrowelle erhitzen, dabei nach jedem Durchgang umrühren, bis die Schokolade vollständig geschmolzen ist.

Die Sahne in einem Topf bei mittlerer Hitze zum Kochen bringen.

Die Hitze reduzieren. Die Marshmallows und die Butter in die heiße Sahne rühren, bis alles vollständig geschmolzen ist.

Vom Herd nehmen und mit der geschmolzenen Schokolade vermischen. Damit der Dip nicht anbrennt, kann die Sauce vor dem Servieren wieder aufgewärmt oder bei sehr schwacher Hitze warm gehalten werden.

Für die Schoko-Churros 240 ml Wasser mit 2 TL Zucker, Salz und Butter in einem Topf bei mittlerer Hitze zum Kochen bringen.

Mehl und Kakaopulver kräftig einrühren, bis ein glatter Teig entsteht.

Die Mischung in die Rührschüssel einer Küchenmaschine mit Flachrührer füllen und auf mittlerer Stufe rühren, dabei langsam die Eier einarbeiten, bis der Teig glatt ist und glänzt.

Den Teig in einen Spritzbeutel mit 12-mm-Sterntülle füllen.

Das Öl in einem großen Schmortopf auf 180 °C erhitzen (siehe Tipp Seite 103).

Inzwischen in einer flachen Schüssel den restlichen Zucker und den Zimt vermischen. Beiseitestellen.

Bitte umblättern >

SO GELINGT'S

> Die Sauce rechtzeitig zubereiten, damit die Churros heiß serviert werden können.

> Eine kleine Portion Teig zur Probe frittieren, um die Öltemperatur zu prüfen. Wenn das Öl zu heiß ist, wird der Teig innen nicht gar. Ist es nicht heiß genug, saugt der Teig mehr Öl auf.

Den Teig aus dem Spritzbeutel vorsichtig in das heiße Öl drücken, dabei die Stränge mit einer Küchenschere abschneiden, sodass mundgerechte Stücke entstehen. Die Churros jeweils 4–5 Minuten frittieren, bis sie gar sind.

Die Churros vorsichtig mit einer Küchenzange herausnehmen und auf einen mit Küchenpapier ausgelegten Teller legen, um das überschüssige Öl aufzusaugen.

Die Churros noch heiß im Zimtzucker wälzen. Sofort mit der Sauce servieren.

Der Teig kann am Vortag zubereitet und im Spritzbeutel aufbewahrt werden. Nach dem Frittieren sollten die Churros sofort mit dem frisch zubereiteten Dip serviert werden. Die Sauce schmeckt am besten am Tag der Zubereitung, kann aber in einem luftdichten Behälter im Kühlschrank bis zu 1 Woche aufbewahrt werden.

FÜR 4 PERSONEN

PERFEKT ALS DESSERT NACH DEM GRILLEN IM SOMMER

SCHWIERIGKEITSGRAD: EINFACH

Baiser mit weißer Schokoladensahne und Erdbeeren

BAISER

60 g Eiweiß, Zimmertemperatur
70 g Zucker
65 g Puderzucker

WEISSE SCHOKOLADENSAHNE

130 g hochwertige weiße Schokolade, Kakaobutter mind. 28 %, gehackt oder als Pellets
320 g Konditorsahne (35 % Fettgehalt)
20 g Glukosesirup
½ TL Vanillepaste

ZUM SERVIEREN

300 g frische Erdbeeren, geputzt und geviertelt
40 g Puderzucker

Ein Blick ins Glas verrät, was für ein wunderbares Zusammenspiel von Aromen und Texturen Sie hier erwarten dürfen: süßes, federleichtes und knuspriges Baiser. Kühlende Sahnecreme mit weißer Schokolade. Duftende, frische Erdbeeren, deren Aroma die anderen Zutaten durchdringt. Dieses Dessert werden Sie bestimmt öfter servieren!

Für die Baisermasse den Backofen auf 120 °C vorheizen.

Das Eiweiß in einer Küchenmaschine anschlagen. Langsam bei laufendem Motor den Zucker sowie den Puderzucker einrieseln lassen und schlagen, bis alles aufgelöst ist.

Ein Backblech mit Backpapier auslegen. Die Baisermasse etwa 2 cm dick auf dem Backpapier verstreichen.

Die Baisermasse etwa 1½ Stunden im Ofen knusprig backen (siehe Tipp Seite 106).

Abkühlen lassen und bis zur weiteren Verwendung in einem luftdichten Behälter bei Zimmertemperatur aufbewahren.

Für die Schokoladensahne die weiße Schokolade in eine hitzebeständige Schüssel füllen.

In einem Topf 190 g Sahne mit Glukosesirup und Vanille bei mittlerer Hitze zum Kochen bringen.

Die heiße Mischung über die weiße Schokolade gießen und verrühren, bis die Schokolade vollständig geschmolzen und eingearbeitet ist.

Die restliche Sahne (130 ml) mit dem Schneebesen einrühren, bis alles gut vermischt ist.

Mit Frischhaltefolie abdecken (direkt auf der Oberfläche) und mindestens 6 Stunden in den Kühlschrank stellen. Alternativ die Masse auf einem mit Frischhaltefolie ausgelegten Tablett verteilen und 2½ Stunden in den Kühlschrank stellen.

Bitte umblättern >

SO GELINGT'S

> Behalten Sie das Baiser während des Backens im Auge. Wenn es anfängt, braun zu werden, verringern Sie die Temperatur des Ofens, damit es weiß bleibt.

> Je länger die Erdbeeren mit dem Zucker ziehen, desto mehr Saft tritt aus. Dadurch werden die Früchte allerdings auch trockener. Testen Sie die Konsistenz, bevor Sie die Erdbeeren mit ihrem Saft servieren. Eventuell empfiehlt es sich, die »ausgelaugten« Erdbeeren aus dem Saft zu nehmen und durch frische zu ersetzen.

PANNENHILFE

> Falls die Schokoladensahne zu steif geschlagen wird, können Sie etwas gekühlte Sahne unterrühren, damit sie wieder cremiger wird.

... NOCH BESSER

> Statt in Dessertgläsern können Sie alles gemeinsam auch in einer großen Glasschüssel anrichten.

Anschließend die Schokoladensahne aufschlagen, bis sie eine spritzfähige Konsistenz hat.

Drei Viertel der Erdbeeren mit dem Puderzucker mischen und 30–60 Minuten bei Zimmertemperatur ziehen lassen.

Zum Anrichten die vorbereitete Baisermasse in Stücke brechen und ein Drittel davon auf vier Gläser (à etwa 400 ml) verteilen.

Die Hälfte der weißen Schokoladensahne als Schicht auf dem zerkleinerten Baiser verteilen.

Die Hälfte der gezuckerten Erdbeeren samt dem ausgetretenen Saft auf die vier Gläser verteilen.

Nochmals Baiser, Schokoladensahne und Erdbeeren in die Gläser schichten.

Mit der restlichen Baisermasse und den ungezuckerten Erdbeeren abschließen.

Das Dessert wird am besten sofort nach dem Zusammensetzen serviert. Die Baisermasse kann 1 Woche im Voraus zubereitet und nach dem Abkühlen in Frischhaltefolie eingewickelt werden, damit sie knusprig bleibt. Wenn das Baiser weich wird, kann es bei 120 °C im Ofen erneut getrocknet werden. Die weiße Schokoladensahne kann bis zu 3 Tage im Voraus zubereitet werden. Aufgeschlagen wird sie erst kurz vor dem Anrichten des Desserts.

ERGIBT 24 STÜCK

PERFEKT FÜR KINDER … UND ERWACHSENE JEDEN ALTERS

SCHWIERIGKEITSGRAD: EINFACH

Marshmallow-Würfel im Schoko-Kokos-Mantel

MARSHMALLOW-WÜRFEL

Pflanzenöl-Spray zum Einfetten
4½ Blatt Gelatine
225 g Zucker
1 Prise Meersalz
1 TL Vanillepaste

GLASUR

150 g Kokosraspel
2 TL Kakaopulver
450 g hochwertige Vollmilchschokolade, Kakaobutter mind. 30 %, gehackt oder als Pellets

Selbst gemachte Marshmallows schmecken viel besser als gekaufte. Diese hier werden in flüssige Schokolade getaucht und in Kakao sowie Kokosraspeln gewendet – unwiderstehlich. Sie eignen sich auch zum Verfeinern des Rocky Road Cake (siehe Seite 97), von heißer Schokolade oder Desserts.

Für die Marshmallows eine 16 × 26 cm große Kastenform mit Pflanzenöl einsprühen, mit Backpapier auslegen und erneut mit Pflanzenöl besprühen.

Die Gelatineblätter etwa 5 Minuten in einer Schüssel mit kaltem Wasser einweichen. Die eingeweichte Gelatine ausdrücken und zusammen mit 80 ml kaltem Wasser in die Rührschüssel der Küchenmaschine füllen.

Den Zucker mit 60 ml kaltem Wasser in einem Topf bei mittlerer Hitze zum Kochen bringen, bis sich der Zucker vollständig aufgelöst hat.

Die Gelatine und das Wasser mit dem Schneebesen in der Küchenmaschine auf niedriger Stufe verrühren, dann bei laufendem Motor langsam den heißen Sirup in die Schüssel gießen.

Salz und Vanille hinzufügen, dann die Geschwindigkeit auf mittlere Stufe erhöhen und weiter schlagen, bis die Masse weiß ist und ihr Volumen verdoppelt hat (das dauert 10–15 Minuten).

Die Masse in die vorbereitete Kastenform füllen und darin gleichmäßig verteilen. Ein leicht gefettetes Stück Backpapier darauflegen.

Bei Zimmertemperatur 4 Stunden ruhen lassen, bis die Masse fest genug zum Schneiden ist.

Die Marshmallows mit einem leicht geölten Messer in 24 Quadrate (etwa 4 cm Kantenlänge) schneiden.

Für die Glasur Kokosraspel und Kakaopulver in einer Schüssel vermischen und auf einem Blech verteilen.

Die Schokolade in einer mikrowellengeeigneten Plastikschüssel temperieren: auf höchster Stufe in Intervallen von 30 Sekunden

PANNENHILFE

> Wenn die Marshmallow-masse schon in der Rühr-schüssel fest wird, erhitzen Sie die Außenseite der Schüssel vorsichtig mit einem Föhn, während Sie weiter rühren.

... NOCH BESSER

> Sie können aus der Masse auch hübsche Tupfen als Dekor auf das Backpapier spritzen.

in der Mikrowelle erhitzen, zwischendurch umrühren. Wenn etwa die Hälfte der Schokolade flüssig ist, kräftig umrühren, bis die restliche feste Schokolade geschmolzen ist. Falls sich einige Stücke nicht auflösen wollen, diese unter Rühren mit einem Föhn erwärmen, bis sie schmelzen.

Die Marshmallows einzeln mit einer Gabel in die flüssige Schokolade tauchen, dann in der Kokos-Kakao-Mischung wenden, bevor die Schokolade fest wird.

Die Marshmallows auf ein Stück Backpapier setzen und bei Zimmertemperatur fest werden lassen.

Sie können in einem luftdichten Behälter 3 Wochen bei Zimmertemperatur (unter 25 °C) aufbewahrt werden.

ERGIBT 12–18 STÜCK

PERFEKT FÜR KINDERFESTE ODER TEE AM NACHMITTAG

SCHWIERIGKEITSGRAD: MITTEL

Knoten aus Schokoladen-Marshmallows

- 130 g Zucker, plus mehr zum Halten der Papierröhren
- 15 g Gelatinepulver
- 145 g Honig
- 60 g Glukosesirup
- 135 g hochwertige Zartbitterschokolade, Kakaobutter mind. 57 %, gehackt oder als Pellets
- 100 g Speisestärke
- 100 g Puderzucker

Diese weichen, süßen und lustigen Knoten aus fluffiger Marshmallowmasse sind der Stoff für Kinderträume. An Wintertagen schmecken sie wunderbar zu einer heißen Schokolade … wenn die Kinder sie nicht vorher aufessen. Wer Zeit sparen will, kann einfach mit einem Teelöffel Häufchen der Masse auf gefettete Backpapierbögen setzen.

Aus Backpapier 6 Blätter zu Röhren (etwa Ø 2 cm) rollen und mit Klebeband fixieren (siehe Tipp Seite 113).

Eine dünne Schicht Zucker in einen Krug füllen und diesen beiseitestellen.

In eine kleine Schüssel 30 ml Wasser gießen, die Gelatine hineinstreuen und einige Minuten ziehen lassen (die Gelatine quillt auf und bildet eine feste Masse).

Vom Honig 85 g in eine hitzebeständige Rührschüssel einer Küchenmaschine füllen.

Zucker, restlichen Honig (60 g), 50 ml Wasser und Glukosesirup in einem Topf auf 115 °C erhitzen.

Sobald die Temperatur erreicht ist, den Sirup über den Honig gießen und mit dem Schneebesen auf mittlerer Stufe schlagen.

Die Gelatinemischung in der Mikrowelle auf höchster Stufe in Intervallen von 10 Sekunden erhitzen, bis sie geschmolzen ist.

Die flüssige Gelatine unter ständigem Schlagen langsam in die Rührschüssel gießen.

Die Schokolade in einer mikrowellengeeigneten Plastikschüssel in Intervallen von 30 Sekunden auf höchster Stufe in der Mikrowelle schmelzen, zwischendurch umrühren.

Die flüssige Schokolade zu den restlichen Zutaten rühren, bis sie vollständig eingearbeitet ist und die Mischung eingedickt, aber noch warm ist.

Die Masse sofort in einen Spritzbeutel mit einer Krapfen-Tülle füllen. Die verwendete Tülle muss so dünn sein, dass sie in die Backpapierröhren passt.

Bitte umblättern >

SO GELINGT'S

- Das Klebeband muss komplett um die Backpapierröhren gewickelt werden, damit es auf sich selbst haftet. Es klebt nicht so gut am Backpapier.
- Es dauert 12 Stunden, bis die Marshmallows vollständig ausgehärtet sind. Wer weniger Zeit hat, kann sie in den Kühlschrank stellen.
- Wenn Sie die Marshmallows aus den Backpapierröhren lösen, denken Sie daran, dass die Masse schmilzt, wenn sie zu warm wird. Falls das passiert, wieder zum Erstarren in den Kühlschrank stellen und dann in einer kälteren Umgebung erneut ablösen.

... NOCH BESSER

- Für eine besonders schokoladige Note ersetzen Sie die Speisestärke durch Kakaopulver. Sie können auch die überschüssige Speisestärke abklopfen und die Enden der Marshmallows in Schokolade tauchen.

Die Masse in die vorbereiteten Papierröhrchen spritzen, bis sie am anderen Ende herauskommt. Die Röhrchen sofort aufrecht in den Krug mit dem Zucker stellen. Wenn die Masse zu stark abkühlt, wird sie zu fest, um sie in die Röhrchen zu spritzen.

Die Stränge anschließend 2–3 Stunden bei Zimmertemperatur fest werden lassen.

Anschließend die Speisestärke und den Puderzucker in einer Schüssel mischen und auf ein mit Backpapier ausgelegtes Blech sieben.

Um die Marshmallows aus den Röhren zu lösen, das Klebeband durchschneiden und das Backpapier so weit abrollen, dass der Marshmallow-Strang frei liegt. Die Rückseite des Papiers mit einem Föhn erwärmen. Den Marshmallow vorsichtig herausschütteln, in die Speisestärke-Mischung fallen lassen und darin wälzen, bis er gut bedeckt ist. Das ist wichtig, damit die Stränge nicht zusammenkleben.

Jeden Strang in Stücke schneiden. Die Länge hängt davon ab, wie groß die Knoten werden sollen. In jedes Stück einen großen Knoten binden.

In den Papierröhrchen sind die Marshmallow-Stränge bei Zimmertemperatur bis zu 4 Wochen haltbar. Nach dem Schneiden und Knoten halten sie sich in einem luftdichten Behälter etwa 1 Woche.

ERGIBT 3 STÜCK

PERFEKT FÜR FEIERTAGE, AUCH ZUM VERSCHENKEN

SCHWIERIGKEITSGRAD: ANSPRUCHSVOLL

Gesprenkelte Eier mit dreierlei Schokolade

1,3 kg hochwertige weiße Schokolade, Kakaobutter mind. 28 %, gehackt oder als Pellets
⅓ TL fettlösliche Lebensmittelfarbe (Pulver) in Rosa oder einer Farbe eigener Wahl
300 g hochwertige Zartbitterschokolade, Kakaobutter mind. 57 %, gehackt oder als Pellets
300 g hochwertige Vollmilchschokolade, Kakaobutter mind. 30 %, gehackt oder als Pellets

Es gibt normale Schokoladeneier, und dann gibt es diese … eine sensationelle Mischung aus weißer, dunkler und Vollmilchschokolade, verstreut als Sprenkel in einer atemberaubenden rosa Basis. Sie schmecken himmlisch und sehen, weil sie auf Hochglanz poliert werden, auch großartig aus. Ein toller Schmuck für die Festtagstafel oder ein Geschenk, mit dem Sie Eindruck machen werden.

Die sechs Vertiefungen einer Gießform für Schokoladeneier (12 cm lang) sorgfältig mit Watte auswischen.

Ein großes Blatt Backpapier auf die Arbeitsfläche legen, um die Schokolade beim Formen der Eier aufzufangen.

In einer mikrowellengeeigneten Plastikschüssel 1 kg weiße Schokolade temperieren: auf höchster Stufe in Intervallen von 30 Sekunden in der Mikrowelle erhitzen, zwischendurch umrühren. Wenn etwa die Hälfte der Schokolade flüssig ist, kräftig umrühren, bis die restliche feste Schokolade geschmolzen ist. Falls sich einige Stücke nicht auflösen wollen, diese unter Rühren mit einem Föhn erwärmen, bis sie schmelzen.

Die rosa Lebensmittelfarbe über die temperierte Schokolade sieben und sorgfältig unterrühren.

Die zerkleinerten Stücke der restlichen weißen Schokolade (300 g) sowie der beiden anderen Sorten unter die temperierte Schokolade mischen. Dann nicht mehr weiter erhitzen.

Die Eierformen mit der Schokoladenmasse füllen und auf die Arbeitsfläche klopfen, damit Luftblasen entweichen.

Die Form auf das Backpapier stürzen und leicht an den Rand der Gießform klopfen, damit überschüssige Schokolade abläuft: So entsteht die Eierschale. Achtung, sie darf nicht zu dünn werden (also nicht unter 3 mm).

Die Oberfläche der Form mit einem Schaber oder Spatel sauber kratzen, dabei bleibt die Form weiterhin kopfüber gedreht.

Die Form wieder umdrehen und erneut mit dem Spatel an der Oberfläche sauber schaben. Das ist wichtig, damit sich die Eierhälften später gut zusammenfügen lassen.

SO GELINGT'S

> Die mit Schokolade gefüllten Formen sind recht schwer. Es kann hilfreich sein, zu zweit zu arbeiten: Eine Person hält die Form, während die andere sie füllt und die überschüssige Schokolade ausgießt oder abkratzt.

PANNENHILFE

> Wenn sich die Eier nicht aus der Form stürzen lassen, stellen Sie die Form 20 Minuten in den Kühlschrank. Führt das nicht zum Erfolg, stellen Sie sie 20 Minuten ins Gefrierfach. So verlockend es auch ist, verwenden Sie keine scharfen Gegenstände, um die Schokolade herauszulösen, sonst kann die Form dauerhaft beschädigt werden.

… NOCH BESSER

> Diese Luxus-Eier können in beliebigen Farben hergestellt werden. Dafür wird weiße Schokolade mit fettlöslicher Lebensmittelfarbe eingefärbt. Auf Backpapier streichen, fest werden lassen, grob hacken und für die Sprenkel in die Grundmasse einrühren.

> Wer möchte, kann zusätzlich grob gehackte Nusskerne in die Masse rühren. Dann wird die Oberfläche allerdings nicht so glatt.

> Die Technik eignet sich für Eier verschiedener Größen.

> Sie können sich auch auf zwei Sorten Schokolade beschränken.

Die Form mit der Schokoladenseite nach unten auf ein sauberes Blatt Backpapier stellen und 10 Minuten bei Zimmertemperatur ruhen lassen.

Die Form umdrehen und die Oberseite erneut abschaben.

Dann die Form 15–20 Minuten in den Kühlschrank stellen, damit die Schokolade vollständig aushärten kann und sich leichter aus der Form löst.

Den Backofen auf 50 °C (Umluft) vorheizen und ein Backblech zum Aufwärmen in den Ofen stellen.

Die Form vorsichtig auf die Arbeitsfläche klopfen, um die Eierhälften herauszulösen.

Die Ränder der Eierhälften auf dem warmen Blech leicht anschmelzen, dann jeweils zwei Hälften zusammenfügen.

Den Boden der Eier auf dem warmen Blech leicht schmelzen, sodass eine ebene Fläche entsteht, auf der die Eier aufrecht stehen können.

Ein sauberes, fusselfreies Tuch mit warmem Wasser anfeuchten und die Außenseite der Eier abwischen, damit sie glänzen. Das Tuch zwischendurch immer wieder mit warmem Wasser ausspülen.

Das Tuch gründlich ausspülen und in eine Schüssel mit eiskaltem Wasser tauchen. Mit dem kalten Tuch die Oberfläche der Eier polieren, bis sie glänzt. Das Tuch nach Bedarf zwischendurch ins Eiswasser tauchen.

Die Eier können mehrere Wochen im Voraus zubereitet und in Zellophan eingewickelt oder in einem luftdichten Behälter aufbewahrt werden. Sie halten sich bei Zimmertemperatur (unter 25 °C) etwa 3 Monate.

Fotos folgende Seiten >

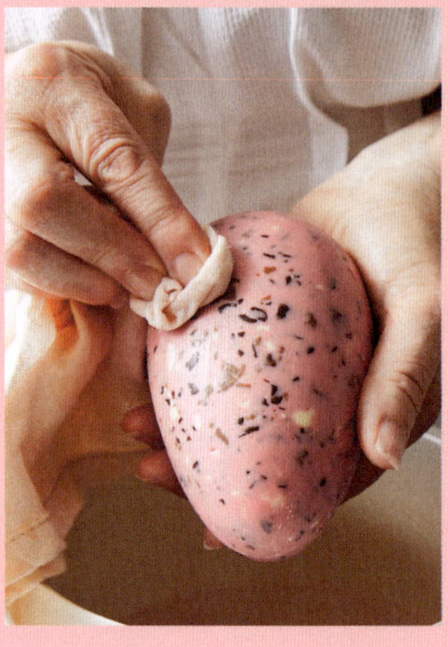

ERGIBT 35 STÜCK

PERFEKT FÜR KUCHEN- ODER DESSERT-BÜFETTS UND BEI HEISSHUNGER AUF SÜSSES

SCHWIERIGKEITSGRAD: MITTEL

Schoko-Trüffel-Lollis

GANACHE

100 g Konditorsahne (35 % Fettgehalt)
350 g hochwertige Vollmilchschokolade, Kakaobutter mind. 30 %, gehackt oder als Pellets
50 g Butter, Zimmertemperatur, gewürfelt
1 Prise Salz

ZUM FESTHALTEN

35 Lollistiele

GLASUR

600 g hochwertige Vollmilchschokolade, Kakaobutter mind. 30 %, gehackt oder als Pellets

SO GELINGT'S

> Wer wenig Zeit hat, stellt die Ganache zum Erstarren 30 Minuten in den Kühlschrank.

... NOCH BESSER

> Wer lieber kleine Pralinen servieren möchte, verzichtet auf die Lollistiele und taucht die Ganache-Kugeln mit einem Zahnstocher in die Schokolade. Beim Erstarren die Zahnstocher herausziehen.

Das ist gekonnte Verführung am Stiel! Dem knackigen Überzug und dem zart schmelzenden Kern kann niemand widerstehen. Wer das Ganze noch aufpeppen möchte, kann etwas Zimt oder Chilipulver unter die Ganache rühren. Beginnen Sie mit der Vorbereitung am Vortag, damit die Ganache genug Zeit zum Festwerden hat.

Für die Ganache die Sahne in einem Topf bei mittlerer Hitze zum Kochen bringen.

Inzwischen in einer mikrowellengeeigneten Plastikschüssel die Vollmilchschokolade temperieren: auf höchster Stufe in Intervallen von 30 Sekunden in der Mikrowelle erhitzen, zwischendurch umrühren. Wenn etwa die Hälfte der Schokolade flüssig ist, kräftig umrühren, bis die restliche feste Schokolade geschmolzen ist. Falls sich einige Stücke nicht auflösen wollen, diese unter Rühren mit einem Föhn erwärmen, bis sie schmelzen.

Die kochende Sahne über die Schokolade gießen und mit einem Schneebesen sorgfältig verrühren. Die Butter in kleinen Würfeln hinzugeben und nach jeder Zugabe gut verrühren. Das Salz einarbeiten. Die Masse mit Frischhaltefolie abdecken (direkt auf der Oberfläche) und bei Zimmertemperatur etwa 4 Stunden stehen lassen, bis sie eine spritzfähige Konsistenz hat.

Die Ganache in einen Spritzbeutel mit 15-mm-Lochtülle füllen.

Ein Backblech mit Backpapier auslegen und die Ecken des Papiers mit kleinen Ganache-Tupfen am dem Blech fixieren.

Aus der Ganache 2,5 cm große Kugeln auf das Blech spritzen.

In die Mitte jeder Ganache-Kugel einen Lollistiel stecken (schön gerade!). Wenn die Stiele nicht halten, die Ganache-Kugeln vor dem Einstecken der Stiele etwas fest werden lassen. Über Nacht bei Zimmertemperatur stehen lassen.

Für die Glasur die Schokolade wie oben beschrieben temperieren.

Ein Viertel davon auf eine Steinplatte gießen und sofort mit einem Spatel in einer dünnen Schicht verteilen. Dabei mehrmals hin und her streichen. Die erstarrte Schokolade mit einem Küchenmesser von der Steinplatte schaben. Die so entstehen-

den Späne auf ein mit Backpapier ausgelegtes Backblech legen. Benötigt werden etwa 150 g Späne. (Alternativ die Späne mit einem scharfen Messer von einem Block Schokolade schaben.)

Falls nötig, die restliche Schokolade wieder erwärmen und die Ganache-Lollis einzeln in die temperierte Schokolade tauchen. Überschüssige Schokolade abtropfen lassen, dann die Lollis mit den Stielen nach oben auf das Blech mit den Schokoladenraspeln setzen. Die Schokolade fest werden lassen.

Die restliche Schokolade nach dem Aushärten in einem luftdichten Behälter aufbewahren und später verwenden. Die Lollis können in einem luftdichten Behälter bei Zimmertemperatur (unter 25 °C) bis zu 2 Wochen aufbewahrt werden.

FÜR 6 PERSONEN

PERFEKT FÜR SOMMERPARTYS, ALS DESSERT NACH DEM GRILLEN

SCHWIERIGKEITSGRAD: MITTEL

Schoko-Tacos mit Beeren und Kokoscreme

TEIG

80 g Butter, Zimmertemperatur
80 g Puderzucker
75 g Mehl, Type 405
15 g Kakaopulver
50 g Eiweiß

KOKOSCREME

250 g Kokoscreme
25 g Glukosesirup
150 g hochwertige weiße Schokolade, Kakaobutter mind. 28 %, gehackt oder als Pellets
375 g Konditorsahne (35 % Fettgehalt), gekühlt
50 g Kokosraspel

ZUM SERVIEREN

300 g frische Himbeeren
300 g frische Heidelbeeren
250 g frische Erdbeeren, geputzt und gehackt
Minzeblätter zum Garnieren
Puderzucker zum Bestäuben

Diese süßen Tacos sind genau das Richtige für ein Sommerfest. Der Teig ist herrlich knusprig, und die Füllung aus samtiger Kokoscreme und frischen Beeren schmeckt wunderbar erfrischend. Sie können auch eine andere Füllung nach eigener Wahl verwenden.

Für den Teig den Ofen auf 170 °C (Umluft) vorheizen.

Die Butter und den Puderzucker in einer Schüssel mit einem Kochlöffel verrühren.

Das Mehl und das Kakaopulver auf die Mischung sieben und zuletzt das Eiweiß einrühren, bis sich alle Zutaten zu einem glatten Teig verbinden.

Aus dem Deckel einer Eiscremepackung oder einem ähnlichen Stück Plastik eine Schablone anfertigen: aus der Mitte einen Kreis (Ø 10 cm) herausschneiden und diesen entsorgen.

Ein Backblech mit Backpapier auslegen. Die Schablone darauf legen und 1 gehäuften EL Teig in dem ausgeschnittenen Loch verteilen. Die Schablone abnehmen und den Vorgang wiederholen, sodass zwei Teigkreise auf dem Blech entstehen.

Die Tacos 8–10 Minuten im Ofen backen.

Den noch heißen Teig zügig anheben und über ein schlankes Nudelholz legen, um ihn zu formen. Wenden und ein Stück zerknüllte Alufolie in die Mitte legen, damit der Teig beim Abkühlen in Form bleibt.

Aus dem restlichen Teig 4 weitere Tacos backen (siehe Tipp Seite 123).

Die Tacos können nach dem Abkühlen in einem luftdichten Behälter aufbewahrt werden.

Für die Füllung Kokoscreme und Glukosesirup in einem kleinen Topf bei mittlerer Hitze zum Kochen bringen.

Die Schokolade in eine hitzebeständige Schüssel füllen.

Bitte umblättern >

SO GELINGT'S

> Die Backzeit der Tacos hängt davon ab, wie dünn der Teig verstrichen wird. Zudem ist der Gargrad von Schokoladenteig kaum anhand der Bräunung zu erkennen. Backen Sie darum einen Probe-Taco, um die optimale Backzeit zu ermitteln.

PANNENHILFE

> Wenn der zweite Taco zu fest wird, während Sie den ersten formen, schieben Sie ihn einfach nochmals 2 Minuten in den Ofen, damit er wieder weicher wird.

... NOCH BESSER

> Für doppelten Schokoladengenuss können Sie für die Füllung Schokoladenpudding statt der Kokoscreme verwenden.

Die heiße Flüssigkeit über die weiße Schokolade gießen und mit einem Schneebesen verrühren, bis die Schokolade vollständig geschmolzen ist.

Gekühlte Sahne und Kokosraspel untermengen.

Mit Frischhaltefolie abdecken (direkt auf der Oberfläche) und mindestens 4 Stunden in den Kühlschrank stellen.

Die gekühlte Kokoscreme etwa 2–3 Minuten aufschlagen, bis sie eine spritzfähige Konsistenz hat.

Die Tacos erst kurz vor dem Servieren füllen. Die geschlagene Kokoscreme in einen Spritzbeutel mit 1-cm-Lochtülle füllen und in die Tacos spritzen, bis sie etwa zu einem Drittel gefüllt sind. Alternativ die Kokoscreme mit einem Löffel in die Tacos setzen.

Die Beeren darauf verteilen und noch einige Löffel Kokoscreme daraufsetzen.

Mit einigen Beeren und Minzeblättern garnieren und mit Puderzucker bestäuben.

Die Kokoscreme kann bis zu 3 Tage im Voraus zubereitet werden, aufgeschlagen wird sie aber erst kurz vor dem Füllen der Tacos. Die Tacos am besten am Tag des Verzehrs backen und nach dem Erkalten in einen luftdichten Behälter legen.

FÜR 4 PERSONEN

PERFEKT ALS DESSERT FÜR EIN AUSGEFALLENES MENÜ

SCHWIERIGKEITSGRAD: MITTEL

Weiße Schoko-Röhrchen mit Frischkäse und Heidelbeeren

WEISSE SCHOKO-RÖHRCHEN

300 g hochwertige weiße Schokolade, Kakaobutter mind. 28 %, gehackt oder als Pellets

FRISCHKÄSEFÜLLUNG

200 g Doppelrahmfrischkäse
30 g Zucker
100 g Crème double (40 % Fettgehalt)
30 ml frisch gepresster Zitronensaft
1 TL Vanilleextrakt
1 Prise Meersalz

ZUM SERVIEREN

150 g frische Heidelbeeren
2 Mürbeteigplätzchen von guter Qualität (Fertigprodukt), zerbröselt
Mini-Minzeblätter zum Garnieren

Dieses Dessert bietet ein wahres Fest der Texturen und Aromen. Knackig-süße weiße Schokolade, eine köstliche Frischkäsefüllung mit einem Hauch von Zitrone und Vanille, knusprige Butterstreusel und aromatische Heidelbeeren! Es hat definitiv Restaurantqualität, aber die Zubereitung ist gar nicht so schwierig. Probieren Sie es aus!

Für die weißen Schokoladenröhrchen vier Röhrchen aus Backpapier (Ø 5 cm) formen und mit Klebeband fixieren.

Etwas Alufolie zerknüllen und in die Röhren schieben, damit das Backpapier seine Form hält. (Die Schokolade wird auf die Außenseite der Röhren gespritzt.)

Die Röhren auf ein Stück Backpapier legen, dann einen Teelöffel in jedes Ende der Röhren stecken, damit sie nicht wegrollen.

Die Schokolade in einer mikrowellengeeigneten Plastikschüssel temperieren, dazu in der Mikrowelle auf höchster Stufe in Intervallen von 30 Sekunden erhitzen, zwischendurch umrühren. Wenn etwa die Hälfte der Schokolade flüssig ist, kräftig umrühren, bis die restliche feste Schokolade geschmolzen ist. Falls sich einige Stücke nicht auflösen wollen, diese unter Rühren mit einem Föhn erwärmen, bis sie schmelzen.

Die temperierte Schokolade in einen Spritzbeutel oder einen Gefrierbeutel mit abgeschnittener Ecke füllen und jeweils mittig auf die Papierröhren spritzen, sodass die Schokolade etwas an den Seiten herunterläuft – aber nicht auf das daruntergelegte Backpapier tropft.

Höchstens 5 Minuten in den Kühlschrank stellen, dann bis zur Verwendung bei Zimmertemperatur beiseitestellen.

Für die Füllung Frischkäse und Zucker glatt verrühren. Crème double, Zitronensaft, Vanille und Salz gründlich unterrühren.

Bis zum Anrichten in den Kühlschrank stellen.

Die Frischkäsecreme in einen Spritzbeutel mit 1-cm-Lochtülle füllen. Das eingerollte Backpapier vorsichtig aus den Schoko-Röhrchen herausziehen.

SO GELINGT'S

> Die Backpapierröhrchen komplett mit Klebeband umwickeln, damit es auf sich selbst klebt. Es haftet nicht so gut auf dem Backpapier.

PANNENHILFE

> Wenn Ihnen die Form der Schokoladenröhrchen nicht gefällt, lassen Sie sie erkalten. Dann können Sie die Schokolade nochmals temperieren und einen neuen Versuch starten.

Die Schokoladenröhrchen mit kleinen Tupfen der Frischkäsecreme auf den Tellern fixieren.

Die Frischkäsefüllung kugelförmig in die Schokoladenröhren spritzen. Außerdem einige Tupfer daneben auf die Teller setzen.

Heidelbeeren und Keksbrösel auf die Frischkäsefüllung streuen. Abschließend das Dessert mit frischer Minze garnieren.

Die Schokoladenröhrchen können bis zu 4 Wochen im Voraus hergestellt und in einem luftdichten Behälter bei Zimmertemperatur (unter 25 °C) gelagert werden. Die Frischkäsefüllung kann 24 Stunden im Voraus zubereitet und im Kühlschrank aufbewahrt werden. Die Creme vor dem Umfüllen in den Spritzbeutel glatt rühren. Das Dessert kann etwa 1 Stunde vor dem Servieren angerichtet werden.

ERGIBT 12 STÜCK | PERFEKT FÜR EINE PARTY | SCHWIERIGKEITSGRAD: ANSPRUCHSVOLL

Süße Mini-Burger mit Schokoladencreme und Himbeeren

BRANDTEIG

65 ml Milch
1 Prise Salz
5 g Zucker
45 g Butter
70 g Mehl, Type 405, gesiebt, plus mehr zum Arbeiten
130 g verquirltes Ei
Pflanzenöl-Spray zum Einfetten
15 g helle Sesamsamen

HIMBEERKONFITÜRE

140 g Himbeeren, frisch oder TK
115 g Zucker
30 g Glukosesirup

SCHOKOLADENCREME

245 ml Milch
½ TL Vanillepaste
10 g Puddingpulver
50 g Zucker
95 g Eigelb
135 g hochwertige Zartbitterschokolade, Kakaobutter mind. 57 %, gehackt oder als Pellets
70 g Butter, gewürfelt

SCHOKOLADENGLASUR

250 g hochwertige Vollmilchschokolade
35 ml Traubenkernöl
40 g geröstete, gesalzene Erdnusskerne, grob gehackt

ZUM SERVIEREN

hochwertige weiße Schokolade
Minzeblätter

Mit diesen kleinen Schönheiten können Sie Gäste verblüffen. Sie sehen aus wie Mini-Burger, bestehen aber aus Schokoladencreme, Konfitüre und klassischem Brandteig – und das in mundgerechtem Format. Wo steht denn geschrieben, dass Desserts nicht auch mal besonders sein dürfen?

Milch, 65 ml Wasser, Salz, Zucker und Butter in einem mittelgroßen Topf bei mittlerer Hitze zum Kochen bringen.

Nach dem Aufkochen vom Herd nehmen und das gesiebte Mehl hinzufügen. Mit einem Holzlöffel kräftig umrühren und wieder auf den Herd stellen. Weiterrühren, bis sich die Mischung zu einem Teig verbindet, an der Oberfläche leicht ölig glänzt und sich vom Topfrand zu lösen beginnt.

Vom Herd nehmen und den Teig in eine Rührschüssel füllen.

Den Teig auf niedriger bis mittlerer Stufe rühren. Nach und nach kleine Mengen verquirltes Ei hinzufügen und jeweils vollständig unterrühren. Möglicherweise wird nicht das gesamte Ei benötigt. Prüfen Sie daher regelmäßig, ob der Teig die richtige Konsistenz erreicht hat. Dafür 1 EL Teig abnehmen, den Löffel anheben und auf die Seite drehen. Wenn der Teig sehr langsam vom Löffel tropft, ist er fertig.

Den Backofen auf 130 °C (Umluft) vorheizen. Ein Backblech leicht einfetten, dann dünn mit Mehl bestäuben.

Den Brandteig in einen Spritzbeutel mit einer 1,2-cm-Lochtülle füllen.

Auf das vorbereitete Blech 4,5 cm große Tupfen spritzen, dabei Abstände von 4 cm einhalten.

Jeden Windbeutel mit Sesamsamen bestreuen.

Dann 15 Minuten im Ofen backen, danach die Temperatur auf 150 °C erhöhen und die Mini-Burger weitere 15 Minuten backen. Abschließend die Temperatur auf 170 °C erhöhen und

Bitte umblättern >

alles noch 5 Minuten backen, bis der Teig fest und goldbraun ist. Während des Backvorgangs die Ofentür nicht öffnen.

Nach dem Backen den Ofen ausschalten, die Tür öffnen, damit der Dampf entweichen kann, und den Brandteig noch einige Minuten im Ofen trocknen lassen. Die Teigmenge ergibt mehr Windbeutel, als für das Dessert benötigt werden. Sie können luftdicht verpackt und eingefroren werden.

Für die Himbeerkonfitüre Himbeeren, Zucker und Glukosesirup in einem Topf bei mittlerer Hitze unter Rühren zum Kochen bringen, dann weiter erhitzen, bis die Temperatur 105 °C erreicht. Wenn Sie kein Thermometer haben, klecksen Sie etwas Konfitüre auf einen gekühlten Teller. Sie sollte erstarren, aber noch etwas zähflüssig bleiben.

Die Konfitüre in einer Schüssel mit Frischhaltefolie abdecken (direkt auf der Oberfläche).

Die Konfitüre bei Zimmertemperatur erkalten lassen, dann in den Kühlschrank stellen.

Für die Schokoladencreme Milch und Vanille in einem mittelgroßen Topf bei mittlerer Hitze zum Kochen bringen.

Inzwischen Puddingpulver und Zucker in einer separaten Schüssel mischen. Das Eigelb mit dem Schneebesen unterrühren, sodass eine Paste entsteht.

Die heiße Milch im dünnen Strahl in die Eiermasse gießen und dabei kräftig mit dem Schneebesen verrühren. Die Mischung wieder im Topf bei mittlerer Hitze unter ständigem Rühren erneut zum Kochen bringen. Vom Herd nehmen und in eine Schüssel umfüllen.

Die Schokolade mit dem Schneebesen unterrühren, bis sie vollständig geschmolzen und vermischt ist.

Die Butter stückchenweise mit dem Schneebesen unterrühren.

Die Creme mit Frischhaltefolie abdecken (direkt auf der Oberfläche) und mindestens 1 Stunde in den Kühlschrank stellen.

Die leicht abgekühlten Windbeutel quer halbieren.

Nach 1 Stunde die Schokoladencreme in einen Spritzbeutel mit 1-cm-Lochtülle füllen.

Die Schokoladencreme in die Unterhälfte der Windbeutel spritzen. Darauf eine zweite Schicht spritzen, die über den Teig hinausragt und einen Burger-Patty darstellen wird.

Die Windbeutel 20–30 Minuten in den Kühlschrank stellen.

SO GELINGT'S

> Nachdem die Windbeutel auf das Blech gespritzt sind, etwas Wasser auf das Blech sprenkeln. Dadurch entsteht Dampf, und der Brandteig wird besser aufgehen.

> Vor dem Backen einen Finger in Wasser tauchen und die Spitzen der Windbeutel (vom Spritzen) vorsichtig flach klopfen.

PANNENHILFE

> Wenn der gebackene Brandteig anfängt, weich zu werden, stellen Sie ihn einfach nochmals für 10–15 Minuten in den 140 °C warmen Ofen, damit er austrocknet.

> Wenn der Brandteig beim Backen nicht aufgegangen ist, liegt das entweder daran, dass der Teig nach dem Hinzufügen des Mehls nicht ausreichend gekocht wurde, dass zu viel Ei hinzugefügt wurde oder dass er zu früh aus dem Ofen genommen wurde. Die Windbeutel können trotzdem aufgeschnitten und gefüllt werden, sind aber etwas kleiner.

Die Schokoladenglasur erst kurz vor dem Zusammensetzen der Burger zubereiten.

Die Schokolade in einer mikrowellengeeigneten Plastikschüssel temperieren: auf höchster Stufe in Intervallen von 30 Sekunden in der Mikrowelle erhitzen, zwischendurch umrühren. Wenn etwa die Hälfte der Schokolade flüssig ist, kräftig umrühren, bis die restliche feste Schokolade geschmolzen ist. Falls sich einige Stücke nicht auflösen wollen, diese unter Rühren mit einem Föhn erwärmen, bis sie schmelzen.

Traubenkernöl und Erdnusskerne in die temperierte Schokolade rühren. Sofort verarbeiten.

Zum Zusammensetzen die Windbeutel aus dem Kühlschrank nehmen und die Oberseite der Burger-Patty-Schokoladencreme auf der Schnittfläche in die vorbereitete Glasur tauchen. Dabei darauf achten, dass die Glasur nicht an die Außenseite kommt.

Die weiße Schokolade in einer mikrowellengeeigneten Plastikschüssel in großen Stücken 10–15 Sekunden auf höchster Stufe in der Mikrowelle erhitzen, bis sie leicht weich ist, und dann direkt auf die Schokoladenglasur raspeln, um den geriebenen Käse nachzuahmen. Wenn die Schokolade nicht wie geriebener Käse aussieht, kann es sein, dass sie noch weitere 10 Sekunden in der Mikrowelle erhitzt werden muss.

Die Burger-Füllung mit Himbeerkonfitüre beträufeln, mit Minzeblättern bestreuen und die oberen Hälften der Windbeutel aufsetzen.

Die Burger sollten am Tag der Zubereitung serviert werden. Himbeerkonfitüre und geriebene weiße Schokolade können im Kühlschrank 1 Monat aufbewahrt werden. Die Schokoladencreme kann 3 Tage im Voraus zubereitet und im Kühlschrank aufbewahrt werden.

Die Windbeutel können roh oder gebacken bis zu 4 Wochen eingefroren werden. Roh eingefrorenen Teig sollten Sie vor dem Backen auf dem Blech bei Zimmertemperatur oder im Kühlschrank auftauen lassen.

Fotos folgende Seiten >

ERGIBT 25 STÜCK

PERFEKT FÜR KINDERFESTE UND ANDERE FEIERN

SCHWIERIGKEITSGRAD: ANSPRUCHSVOLL

Schoko-Kokos-Lollis mit verwirbelter Glasur

KOKOS-TRÜFFEL-GANACHE

175 g hochwertige weiße Schokolade, Kakaobutter mind. 28 %, gehackt oder als Pellets
65 ml Kokosmilch
50 g Kokosraspel

VERWIRBELTE GLASUR

1,6 kg hochwertige weiße Schokolade, Kakaobutter mind. 28 %, gehackt oder als Pellets
1 TL fettlösliche Lebensmittelfarbe Orange (Pulver)
1 TL fettlösliche Lebensmittelfarbe Rosa oder Rot (Pulver)

ZUM SERVIEREN

25 Lollistiele

Diese zauberhaften Lollis sind mit einer zart schmelzenden Ganache aus weißer Schokolade und Kokosnuss gefüllt. Umhüllt ist das ganze mit eingefärbter Schokolade in einem tollen Spiralmuster. Sie benötigen für diese Leckerei nur eine Handvoll Zutaten. Bereiten Sie die Lollis am Vortag zu, damit die Ganache genug Zeit zum Festwerden hat.

Für die Kokos-Trüffel-Ganache die Schokolade in einer mikrowellengeeigneten Plastikschüssel in Intervallen von 30 Sekunden auf höchster Stufe in der Mikrowelle erhitzen, bis sie zur Hälfte geschmolzen ist.

Die Kokosmilch in einem Topf auf mittlerer Stufe zum Kochen bringen.

Die heiße Kokosmilch über die weiße Schokolade gießen und verrühren, bis die Schokolade vollständig geschmolzen und eingearbeitet ist.

Die Kokosraspel mit dem Schneebesen einrühren.

Mit Frischhaltefolie abdecken (direkt auf der Oberfläche) und über Nacht bei Zimmertemperatur fest werden lassen.

Mit einem Teelöffel oder Melonenausstecher Kugeln aus der Ganache formen und diese auf ein mit Backpapier ausgelegtes Backblech setzen.

Die Masse 20 Minuten in den Kühlschrank stellen. Vor dem Glasieren wieder Zimmertemperatur annehmen lassen.

Für die Glasur die Schokolade in einer mikrowellengeeigneten Plastikschüssel temperieren: auf höchster Stufe in Intervallen von 30 Sekunden in der Mikrowelle erhitzen, zwischendurch umrühren. Wenn etwa die Hälfte der Schokolade flüssig ist, kräftig umrühren, bis alles geschmolzen ist. Falls sich einige Stücke nicht auflösen wollen, diese unter Rühren mit einem Föhn erwärmen, bis sie schmelzen.

Die Lollistiele mit einem Ende in die temperierte Schokolade tauchen, dann in die Ganache-Kugeln stecken.

Bitte umblättern >

SO GELINGT'S

> Testen Sie, ob die Lollistiele sicher in dem Styropor oder dem Lolliständer halten, bevor Sie sie in die Ganache-Kugeln stecken. Eventuell je ein Stielende mit einem Anspitzer spitz formen, damit es sich leichter ins Styropor stecken lässt.

> Mit dem Temperieren der Schokolade erst beginnen, wenn alle restlichen Zutaten vorbereitet sind und griffbereit auf der Arbeitsfläche stehen.

> Schüsseln oder Gefäße mit einem Föhn erwärmen, bevor Sie die temperierte Schokolade hineinfüllen.

Einen Lolliständer bereitstellen oder eine Styroporplatte rechts und links auf einige Milchflaschen o. Ä. legen, sodass darunter ein 20–30 cm hoher Hohlraum entsteht. Dort sollen später die Lollis hängen.

Etwa zwei Drittel der temperierten Schokolade in eine flache Schüssel füllen. Sie wird nicht eingefärbt.

Die restliche temperierte Schokolade gleichmäßig auf zwei Schälchen verteilen. Auf eine Portion die orangefarbene Lebensmittelfarbe, auf die andere die rote oder rosafarbene. Sorgfältig einrühren.

Die gefärbte Schokolade in zwei separate Gefrierbeutel füllen und jeweils eine kleine Ecke der Beutel abschneiden.

Mit den beiden gefärbten Schokoladen nacheinander ein Gittermuster auf die weiße Schokolade spritzen. Einen Lolli in die Schokolade tauchen und beim Herausnehmen drehen.

Den Lolli über einem Stück Backpapier etwas abtropfen lassen, dann kopfüber in den Lolliständer oder die vorbereitete Styroporplatte stecken.

Den Vorgang mit den restlichen Lollis wiederholen. Dabei jeden Lolli an einer Stelle eintauchen, an der noch das Gittermuster auf der Schokolade zu sehen ist.

Wenn die Schokolade zwischendurch fest wird, den farbigen Teil von der Oberfläche abnehmen, dann die Schokolade mit einem Föhn leicht erwärmen und den Vorgang wiederholen, bis alle Lollis überzogen sind.

Die Lollis bei Zimmertemperatur mindestens 10 Minuten fest werden lassen.

Die Lollis können bis zu 2 Wochen im Voraus zubereitet und in einem luftdichten Behälter bei Zimmertemperatur (unter 25 °C) aufbewahrt werden.

Kapitel 4

Cremig, glatt, gut gekühlt

Weißes Schoko-Semifreddo mit frischen Erdbeeren

ERDBEERSIRUP

70 g Zucker
300 g frische Erdbeeren, geputzt und grob gehackt
Mark von 2 Vanilleschoten

SEMIFREDDO

100 g hochwertige weiße Schokolade, Kakaobutter mind. 28 %, gehackt oder als Pellets
65 g Crème double (40 % Fettgehalt)
150 g Konditorsahne (35 % Fettgehalt)
Mark von 1 Vanilleschote
65 g griechischer Joghurt (10 % Fettgehalt)
Erdbeersirup (siehe oben)

ZUM SERVIEREN

300 g frische Erdbeeren, geputzt und gewürfelt

Semifreddo heißt »halb gefroren«, und genau das trifft auf diese Köstlichkeit zu – eisgekühlt und cremig schmelzend. Erfrischender Joghurt und fruchtiger Erdbeersirup bilden ein großartiges Gegengewicht zur süßen weißen Schokolade. Und das Beste ist, dass die Zubereitung dieses Desserts ganz unkompliziert ist.

Für den Erdbeersirup den Zucker mit Erdbeeren und Vanillemark in einer hitzebeständigen Schüssel über einem Topf mit köchelndem Wasser 30 Minuten erhitzen.

Vorsichtig vom Herd nehmen. Durch ein Sieb gießen und den Sirup auffangen. Die ausgekochten Erdbeeren entsorgen. Den Sirup gleichmäßig auf zwei Schüsseln aufteilen und bei Zimmertemperatur abkühlen lassen.

Für das Semifreddo sechs Backringe auf ein Blech legen und jeden Ring mit einem Muffinförmchen aus Papier auslegen. Dazu die Papierförmchen flach in die Ringe drücken, sodass ein Boden entsteht und nur ein schmaler Rand hochsteht.

Die weiße Schokolade in eine hitzebeständige Schüssel füllen.

Die Crème double in einem Topf bei mittlerer Hitze erhitzen.

Über die Schokolade gießen und verquirlen, bis die Schokolade vollständig geschmolzen und eingearbeitet ist. Beiseitestellen und leicht abkühlen lassen.

Inzwischen die Sahne mit dem Vanillemark halbsteif schlagen.

Den Joghurt gleichmäßig unter die geschlagene Sahne heben.

Die Sahne-Joghurt-Mischung in drei Portionen unter die Schokoladenmischung heben.

Die Hälfte des abgekühlten Erdbeersirup vorsichtig unterheben, bis die Masse vollständig glatt ist.

Die Masse in die vorbereiteten Papierförmchen füllen und die Oberfläche jeweils mit der Rückseite eines Löffels glatt streichen. Dann alles 4 Stunden anfrieren.

SO GELINGT'S

- Glätten Sie die Papierförmchen nicht zu stark beim Einpassen, damit das Rillenmuster an den Seiten erhalten bleibt.
- Je länger die Erdbeeren in dem Zucker ziehen, desto mehr Saft bildet sich.

Den restlichen Erdbeersirup auf das gefrorene Semifreddo gießen. Erneut mindestens 2 Stunden in das Gefrierfach stellen.

Das Semifreddo aus den Papierförmchen lösen und auf Serviertellern anrichten. Zum Garnieren die frischen Erdbeeren in einer Linie auf der Oberfläche platzieren.

Der Erdbeersirup kann bis zu 3 Tage im Voraus zubereitet und im Kühlschrank aufbewahrt werden. Die Erdbeeren so lange wie möglich darin liegen lassen und den Sirup erst kurz vor dem Anrichten durch ein Sieb abgießen. Das Semifreddo kann bis zu 4 Wochen im Voraus zubereitet werden. Nachdem es durchgefroren ist, einfach in einem luftdichten Behälter weiter einfrieren. Wenn Sie es aus dem Gefrierfach nehmen, muss es sofort serviert werden.

FÜR 12 PERSONEN | PERFEKT FÜR GÄSTE IM SOMMER | SCHWIERIGKEITSGRAD: EINFACH

Geeistes Tiramisu mit weißer Schokolade

WEISSES SCHOKOLADENEIS OHNE EISMASCHINE

500 g Konditorsahne (35 % Fettgehalt)
50 g Mascarpone
1 TL Vanillepaste
150 g hochwertige weiße Schokolade, Kakaobutter mind. 28 %, gehackt oder als Pellets
395 ml gesüßte Kondensmilch
½ TL Meersalz

ZUM TRÄNKEN

390 g Zucker
30 g Kakaopulver
90 ml frisch gebrühter Espresso
120 ml Marsala (nach Belieben)

ZUM ANRICHTEN

200 g Löffelbiskuits
Kakaopulver zum Bestäuben

Hier kommt das klassische Tiramisu einmal eiskalt daher: wunderbar cremiges weißes Schokoladeneis mit einem Hauch Mascarpone, in duftendem Marsala-Kaffee getränkte Löffelbiskuits und eine dicke Schicht dunkles Kakaopulver. Wenn Gäste kommen, können Sie das Rezept auch in acht Dessertgläsern zubereiten.

Für die Eiscreme 150 g Sahne, Mascarpone und Vanille in einem Topf bei mittlerer Hitze zum Kochen bringen.

Die weiße Schokolade in eine hitzebeständige Schüssel füllen.

Die heiße Sahnemischung über die Schokolade gießen und verrühren, bis sie vollständig geschmolzen und eingearbeitet ist.

Die restliche Sahne (350 ml) mit dem Schneebesen unterrühren.

Mit Frischhaltefolie abdecken (direkt auf der Oberfläche) und mindestens 5 Stunden in den Kühlschrank stellen.

Kondensmilch und Salz mit der gekühlten weißen Schokomasse in der Küchenmaschine mit dem Schneebesen auf hoher Stufe verschlagen, bis sich weiche Spitzen bilden. Die Masse muss sehr kalt sein, damit sie sich nicht trennt, daher erst unmittelbar vor dem Schlagen aus dem Kühlschrank nehmen.

Bis zu 1 Stunde ins Gefrierfach stellen. Inzwischen die Tränke vorbereiten.

Dafür den Zucker in einem Topf mit 300 ml Wasser bei starker Hitze zum Kochen bringen.

Sobald sich der Zucker vollständig aufgelöst hat, den Topf vom Herd nehmen. Kakaopulver, Espresso und Marsala gründlich einrühren. In eine flache Schüssel gießen und bei Zimmertemperatur abkühlen lassen.

Die Hälfte der Löffelbiskuits in die Espressomischung tauchen, bis sie sich gut durchtränkt anfühlen (siehe Tipp Seite 143).

Die Löffelbiskuits auf den Boden einer quadratischen Form (23 × 23 cm) legen.

Bitte umblättern >

< Fortsetzung

SO GELINGT'S

> Die Löffelbiskuits müssen vor dem Einschichten in die Form schön durchtränkt sein: Zum Testen einen Löffelbiskuit in der Mitte durchbrechen. Der Löffelbiskuit soll fast halbhoch durchgezogen sein.

PANNENHILFE

> Wenn die Eismasse zu stark geschlagen wird und sich trennt, einfach eine kleine Menge gekühlte Sahne unterheben.

Die Hälfte der Eismasse in einer gleichmäßigen Schicht auf den Löffelbiskuits verteilen.

Eine weitere Lage aus getränkten Löffelbiskuits und der Eismischung in die Form schichten.

Die Oberfläche großzügig mit Kakaopulver bestäuben, dann das Dessert mindestens 4 Stunden ins Gefrierfach stellen.

Das Tiramisu kann in einem geeigneten Behälter bis zu 4 Wochen eingefroren werden. Dann 30 Minuten vor dem Servieren aus dem Gefrierfach nehmen und in den Kühlschrank stellen, damit es etwas weicher wird.

FÜR 16 PERSONEN

PERFEKT ALS BEEINDRUCKENDES DESSERT FÜR EIN BESONDERES MENÜ

SCHWIERIGKEITSGRAD: EINFACH

Supereinfache Himbeer-Sahnetorte mit weißen Schokoladenlocken

BODEN

250 g Vollkorn-Butterkekse
120 g Butter, zerlassen
½ TL gemahlener Zimt

SAHNE

300 g Crème double (40 % Fettgehalt)
50 g Zucker

ZUM SERVIEREN

375 g frische Himbeeren
100–200 g hochwertige weiße Schokolade (Tafel)

Einfacher geht es wirklich nicht – und trotzdem sieht diese Torte hinreißend aus und schmeckt sensationell gut. Schöne, frische Himbeeren sind das A und O. Sie können den Boden und die Sahne auch mit *Ihren* Lieblingsfrüchten kombinieren. Wie wäre es mit Pfirsichspalten oder Bananenscheiben?

Für den Boden die Kekse im Mixer fein zerkleinern.

Die Kekskrümel mit der flüssigen Butter und dem Zimt vermischen, bis sie die Konsistenz von nassem Sand haben.

Die Mischung auf dem Boden einer gefetteten Tarteform mit lösbarem Boden (Ø 23 cm) verteilen und gut andrücken.

Den Boden so mindestens 30 Minuten zum Festwerden in den Kühlschrank stellen.

Den Boden aus der Form nehmen, auf eine Tortenplatte legen und wieder in den Kühlschrank stellen.

Die Crème double mit dem Zucker aufschlagen, bis sie gut streichfähig ist.

In einer gleichmäßigen Schicht auf dem Boden verteilen.

Diese mit den frischen Himbeeren belegen.

Die weiße Schokolade auf eine umgedrehte mikrowellengeeignete Plastikschüssel legen und in der Mikrowelle 10–15 Sekunden auf höchster Stufe erhitzen, bis sie weich genug ist, um mit einem Sparschäler große Locken zu schneiden (siehe Tipp Seite 21).

Die Torte mit den Schokoladenlocken garnieren.

Der Boden kann bis zu 4 Tage im Voraus zubereitet werden. Er kann schon am Vortag mit Sahne und Himbeeren belegt werden, die weiße Schokolade sollte aber erst kurz vor dem Servieren aufgebracht werden.

PANNENHILFE

> Wenn die Keksbrösel nicht gut genug binden, kann man sie wieder in der Schüssel mit etwas mehr zerlassener Butter verrühren.

> Bei Zimmertemperatur wird der Boden schnell weich. Zum Festwerden einfach wieder in den Kühlschrank stellen.

ERGIBT 16 STÜCK

PERFEKT FÜR HEISSE TAGE ODER ALS DESSERT NACH DEM GRILLEN

SCHWIERIGKEITSGRAD: EINFACH

Eis am Stiel mit Himbeeren und Kokosnuss

WEISSES SCHOKOLADENEIS OHNE EISMASCHINE

285 g Konditorsahne (35 % Fettgehalt)
½ TL Vanillepaste
75 g hochwertige weiße Schokolade, Kakaobutter mind. 28 %, gehackt oder als Pellets
200 ml gesüßte Kondensmilch
125 g frische Himbeeren

SCHOKOLADENÜBERZUG

100 g Kokosraspel
300 g hochwertige Zartbitterschokolade, Kakaobutter mind. 57 %, gehackt oder als Pellets
420 g Konditorsahne (35 % Fettgehalt)

ZUM SERVIEREN

16 Eisstiele

Diese cremig-süße Kreation mit einem Hauch frischer Himbeeren, dem Schokoladenüberzug und den Kokosraspeln schmeckt als Dessert, aber auch zwischendurch. Wer keine Förmchen für Eis am Stiel hat, kann auch eine große Portion in einer Backform oder Gefrierbox zubereiten. Die Ganache darauf verteilen und alles dick mit Kokosraspeln bestreuen. Am Vortag beginnen.

Für das Eis 100 g Sahne und die Vanille in einem Topf bei mittlerer Hitze zum Kochen bringen.

Die weiße Schokolade in eine hitzebeständige Schüssel einer Küchenmaschine füllen.

Die heiße Sahne über die Schokolade gießen und mit dem Schneebesen auf hoher Stufe schlagen, bis die Schokolade vollständig geschmolzen und eingearbeitet ist (siehe Tipp Seite 148).

Die restliche Sahne (185 ml) mit dem Schneebesen unterrühren.

Mit Frischhaltefolie abdecken (direkt auf der Oberfläche) und mindestens 5 Stunden in den Kühlschrank stellen.

Die Kondensmilch in eine Rührschüssel füllen.

Die gekühlte Schokoladensahne zur Kondensmilch gießen, die Himbeeren hinzufügen und alles mit dem Schneebesen auf höchster Stufe schlagen, bis sich weiche Spitzen bilden.

Die Masse in 16 Mini-Eisformen aus Silikon verteilen und in jede einen Eisstiel stecken.

Zum Festwerden mindestens 6 Stunden oder über Nacht ins Gefrierfach stellen (siehe Tipp Seite 148).

Für den Überzug die Kokosraspel in einer flachen Schüssel bereitstellen.

Sobald die Eiscreme vollständig gefroren ist, die Schokolade in einer mikrowellengeeigneten Plastikschüssel auf höchster Stufe in Intervallen von 30 Sekunden in der Mikrowelle erhitzen, bis sie zur Hälfte geschmolzen ist.

Bitte umblättern >

SO GELINGT'S

> Das Eis am besten über Nacht ins Gefrierfach stellen und erst dann aus den Formen nehmen. Ich habe Silikonformen verwendet.

> Restliche Ganache kann eingefroren und später wieder erwärmt werden, um Eis oder andere Desserts zu veredeln.

PANNENHILFE

> Die Eiscrememasse beim Schlagen genau beobachten, denn sie wird sehr schnell steif. Falls sie zu lange geschlagen wird, vorsichtig etwas gekühlte Sahne unterheben.

Gleichzeitig die Sahne in einem Topf bei mittlerer Hitze zum Kochen bringen.

Die heiße Sahne über die Schokolade gießen und verrühren, bis die Schokolade vollständig geschmolzen und eingearbeitet ist.

Die Ganache in ein hohes, schlankes Gefäß füllen, das gerade breit genug ist, um ein Eis darin einzutauchen.

Jedes Eis einzeln in die Ganache tauchen, dann über die Schüssel mit den Kokosraspeln halten und dick bestreuen. Alternativ können Sie das getauchte Eis auch auf die Kokosraspel legen und weitere Kokosraspel mit einem Esslöffel dick daraufstreuen. Versuchen Sie, das Eis beim Überziehen mit Kokosnuss nicht zu sehr zu bewegen, da seine Oberfläche sonst klumpig wird. Das Eis auf ein mit Backpapier ausgelegtes Tablett legen und vor dem Servieren mindestens 1 Stunde in das Gefrierfach stellen.

Das Eis ist im Gefrierfach etwa 4 Wochen haltbar. Reste der Ganache können bis zu 8 Wochen eingefroren werden.

Fotos folgende Seiten >

Weiße Mousse au Chocolat mit Himbeerlimonade

300 g Konditorsahne (35 % Fettgehalt)
250 g frische Himbeeren
200 ml Himbeerlimonade oder mit Wasser gemischter Himbeersirup (Fertigprodukt)
300 g hochwertige weiße Schokolade, Kakaobutter mind. 28 %, gehackt oder als Pellets
250 g Schokoladenkekse, plus einige Krümel zum Garnieren

Die Geheimzutat für diese köstlich luftige und erstaunlich einfache Mousse ist altmodische Himbeerlimonade. Sie gibt dem Dessert einen wunderbar milden Himbeergeschmack, der einen großartigen Kontrast zu den Schokokeksen liefert. Sie können das Dessert auch in einer größeren Schüssel statt in Gläsern anrichten.

Die Sahne und 60 g frische Himbeeren in einer Rührschüssel der Küchenmaschine mit dem Schneebesen auf höchster Stufe halbsteif schlagen. In den Kühlschrank stellen.

Die Himbeerlimonade in einem Topf bei starker Hitze zum Kochen bringen.

Die weiße Schokolade in eine hitzebeständige Schüssel füllen.

Die heiße Limonade über die Schokolade gießen und verrühren, bis die Schokolade vollständig geschmolzen ist.

Bei Zimmertemperatur 30–40 Minuten erkalten lassen, dabei etwa alle 10 Minuten umrühren.

Die gut gekühlte Himbeersahne unter die weiße Schokoladenmasse heben.

Die Schokoladenkekse in einem Gefrierbeutel mit einem Nudelholz zu groben Krümeln zerkleinern.

Den Boden von 6 Portionsgläsern (à 240 ml) mit einer Schicht Kekskrümel füllen, dann eine Schicht Mousse darauflöffeln. Die Gläser sollen danach knapp zu einem Drittel gefüllt sein.

Zwei weitere Schichten Kekskrümel und Mousse in die Gläser füllen, gleichmäßig verteilen.

Mindestens 4 Stunden in den Kühlschrank stellen.

Vor dem Servieren mit zerbröselten Schokoladenkeksen und frischen Himbeeren garnieren.

Die Desserts können bis zu 3 Tage im Voraus zubereitet und in den Gläsern im Kühlschrank aufbewahrt werden. Am besten direkt aus dem Kühlschrank servieren.

SO GELINGT'S

> Wenn Sie das Dessert in einer großen Schüssel zubereiten, stellen Sie es nach dem Einfüllen jeder Schicht kurz in das Gefrierfach. Erst dann die nächste Schicht einfüllen.

... NOCH BESSER

> Eine schöne Garnitur sind auch einzelne Schoko-Blütenblätter (siehe Seite 169).

> Statt Himbeerlimonade kann auch Sahne verwendet werden. In diesem Fall die Menge der Himbeeren leicht erhöhen.

FÜR 12–14 PERSONEN | PERFEKT FÜR FESTTAGE IM SOMMER | SCHWIERIGKEITSGRAD: EINFACH

Erdbeer-Trifle mit weißer Mousse au Chocolat

ERDBEERSIRUP

500 g frische Erdbeeren, geputzt und gehackt
200 g Zucker
½ TL Vanillepaste

FÜR DIE SCHÜSSEL

500 g frische Erdbeeren in verschiedenen Größen, geputzt

WEISSE MOUSSE AU CHOCOLAT

600 g Konditorsahne (35 % Fettgehalt)
1 TL Vanillepaste
380 g hochwertige weiße Schokolade, Kakaobutter mind. 28 %, gehackt oder als Pellets
400 g Crème double (40 % Fettgehalt)

ZUM SERVIEREN

300 g Löffelbiskuits
100–200 g hochwertige Vollmilchschokolade (Tafel)
200 g Crème double (40 % Fettgehalt)
125 g frische Erdbeeren, geputzt und in 8 dünne Spalten geschnitten

Zarter, mit Erdbeersirup getränkter Biskuit, verführerisch süße weiße Schokoladenmousse und viele frische Erdbeeren geben diesem Trifle seinen himmlischen Geschmack. Der optische Reiz liegt in den unterschiedlichen Formen und Größen der frischen Erdbeerscheiben. Auf perfekte Gleichmäßigkeit kommt es gar nicht an. Am Vortag beginnen.

Für den Erdbeersirup Erdbeeren, Zucker, 50 ml Wasser und Vanille in eine hitzebeständige Schüssel füllen.

Die Schüssel 30 Minuten auf einen Topf mit kochendem Wasser stellen, dabei gelegentlich umrühren.

Die Mischung durch ein feines Sieb gießen. Den Sirup auffangen, die ausgekochten Erdbeeren entsorgen. Den Sirup bei Zimmertemperatur beiseitestellen.

Die frischen Erdbeeren für die Schüssel quer in 5 mm dicke Scheiben schneiden.

Die Erdbeerscheiben innen an der Wand einer Glasschüssel (20 cm) anordnen, dabei oben einen 3 cm breiten Rand frei lassen (siehe Seite 156).

Die restlichen Erdbeerscheiben in Stücke schneiden und beiseitestellen.

Für die weiße Schokoladenmousse Sahne und Vanille in einem Topf bei mittlerer Hitze verrühren und zum Kochen bringen.

Die weiße Schokolade in eine hitzebeständige Schüssel füllen.

Die heiße Sahne über die Schokolade gießen und verrühren, bis die Schokolade vollständig geschmolzen und eingearbeitet ist.

Diese Ganache 20–30 Minuten in den Kühlschrank stellen. Regelmäßig umrühren, bis sie abgekühlt und eingedickt ist.

Die abgekühlte Ganache in eine größere Schüssel umfüllen und die Crème double in drei Portionen unterheben. Diese Mousse muss anschließend sofort verwendet werden.

SO GELINGT'S

> Unbedingt darauf achten, dass die Löffelbiskuits gut (mindestens halbhoch) mit Erdbeersirup getränkt sind (siehe Tipp Seite 143).

Zum Zusammensetzen des Trifles die Löffelbiskuits einzeln in den Erdbeersirup tauchen und in zwei gleichmäßigen Schichten auf den Boden der Glasschüssel legen.

Die Hälfte der Erdbeerstücke über die getränkten Löffelbiskuits streuen.

Die Hälfte der weißen Schokoladenmousse in die Form gießen und das Trifle 20–30 Minuten in den Kühlschrank stellen, bis es etwas fester geworden ist.

Etwas Vollmilchschokolade über die weiße Mousse-Schicht raspeln.

Eine weitere Schicht aus eingeweichten Löffelbiskuits, gehackten Erdbeeren und Mousse einfüllen.

Mindestens 6 Stunden, am besten über Nacht, in den Kühlschrank stellen.

Vor dem Servieren einen Esslöffel leicht mit heißem Wasser erwärmen. Die Crème double direkt aus dem Becher löffeln und auf die Oberfläche des Trifles setzen – sie sollte dabei ihre Form halten. Kurz vor dem Servieren die Crème double mit Erdbeerspalten bestreuen.

Das Trifle kann bis zu 2 Tage im Voraus zubereitet und im Kühlschrank aufbewahrt werden. Insgesamt ist es gekühlt 3 Tage haltbar.

Der Erdbeersirup kann im Voraus zubereitet und bis zu 5 Tage im Kühlschrank aufbewahrt werden. Die Erdbeeren am besten bis zum Anrichten des Trifles im Sirup lassen, damit sie möglichst viel Saft und Aroma abgeben.

Fotos folgende Seiten >

Linke Seite: Erdbeer-Trifle mit weißer Mousse au Chocolat; oben: Schokoladenkuchen mit Baiserhaube

FÜR 8 PERSONEN

PERFEKT ZUM TEE AM NACHMITTAG, FÜR BESONDERE ANLÄSSE

SCHWIERIGKEITSGRAD: MITTEL

Schokoladenkuchen mit Baiserhaube

SCHOKOLADENKUCHEN

75 g Butter, plus mehr zum Einfetten
205 g hochwertige Zartbitterschokolade, Kakaobutter mind. 57 %, gehackt oder als kleine Tropfen
65 g Vollrohrzucker
100 g verquirltes Ei
½ TL Vanillepaste
55 g Mehl, Type 405
¼ TL Backpulver
10 g Kakaopulver
1 Prise Salz
60 g Eiweiß, Zimmertemperatur
65 g Zucker
50 g hochwertige Vollmilchschokolade (Tafel), fein gehackt

BAISER

90 g Eiweiß, Zimmertemperatur
200 g Zucker

ZUM SERVIEREN

60 g frische Himbeeren

Die Aromen von reichhaltiger Schokolade, süßem Baiser und säuerlichen Himbeeren harmonieren perfekt miteinander, und obendrein sieht dieser Kuchen umwerfend aus. Ich wette, Ihnen wird jeder Vorwand recht sein, um häufiger liebe Menschen zum Kaffee einzuladen.

Die Butter und 155 g der Zartbitterschokolade in einer mikrowellengeeigneten Plastikschüssel auf höchster Stufe in Intervallen von 30 Sekunden in der Mikrowelle erhitzen, bis die Schokolade vollständig geschmolzen ist. Alternativ Schokolade und Butter in einem Topf bei niedriger Hitze glatt verrühren.

Für den Teig Zucker, Eier und Vanille in einer Schüssel von Hand verrühren.

Mehl, Back- und Kakaopulver sowie Salz in eine Schüssel sieben, dann unter die Eimischung heben.

Den Backofen auf 170 °C (Umluft) vorheizen. Eine Kastenform (11 x 21 cm) einfetten und mit Backpapier auskleiden.

Das Eiweiß in einer Schüssel der Küchenmaschine mit dem Schneebesen auf hoher Stufe anschlagen, dann langsam bei laufendem Motor den Zucker einrieseln lassen und 1 weitere Minute schlagen, damit sich der Zucker auflöst und die Masse fest wird.

Die geschmolzene Butter-Schokoladen-Mischung unter den Kuchenteig heben.

Den Eischnee in drei Portionen jeweils vorsichtig unterheben.

Zuletzt die fein gehackte Vollmilchschokolade und die restliche Zartbitterschokolade (50 g) sanft unterheben.

Den Teig in die vorbereitete Form füllen und 35–40 Minuten im Ofen backen, bis an einem mittig eingestochenen Stäbchen kein Teig mehr haftet.

Aus dem Ofen nehmen und bei Zimmertemperatur abkühlen lassen, dann aus der Form stürzen.

SO GELINGT'S

> Eischnee bekommt deutlich mehr Volumen, wenn das Eiweiß Zimmertemperatur hat. Verwenden Sie dazu die Eier nie direkt aus dem Kühlschrank.

> Halten Sie beim Bräunen des Baisers mit dem Flambierbrenner mindestens 10 cm Abstand zur Oberfläche des Baisers. Bewegen Sie den Brenner ständig. Vorsicht an den Spitzen: Sie verbrennen besonders leicht. Alternativ das Baiser unter dem Ofengrill bräunen, hier aber besonders gut aufpassen.

... NOCH BESSER

> Hochstapelei! Backen Sie mehrere dünne Kuchenplatten, die Sie abwechselnd mit Baiserschichten aufeinander stapeln. Den Abschluss bildet eine Schicht Baiser.

> Dieser Kuchen kann auch in einer anderen Form gebacken werden. Wie wäre es zum Valentinstag mit einer Herzform?

Für die Baiserhaube Eiweiß und Zucker in einer hitzebeständigen Schüssel über einem Topf mit kochendem Wasser unter stetigem Rühren erhitzen, bis die Mischung eine Temperatur von 60 °C erreicht hat.

Vom Herd nehmen und mit einem Schneebesen auf hoher Stufe aufschlagen, bis die Baisermasse abgekühlt ist und außerdem feste Spitzen bildet.

Die Baisermasse mit einem Löffel auf den abgekühlten Kuchen setzen, aber nicht an den Seiten.

Die Baisermasse mit einem Teigschaber oder der Rückseite eines Löffels so auf dem Kuchen verteilen, dass sich Wellen und Spitzen bilden.

Die Baiserhaube mit einem Flambierbrenner (oder ganz kurz unter dem Backofengrill) vorsichtig bräunen.

Den Kuchen mit frischen Himbeeren servieren.

Der Kuchen ist bei Zimmertemperatur 4–5 Tage haltbar.

Fotos folgende Seiten >

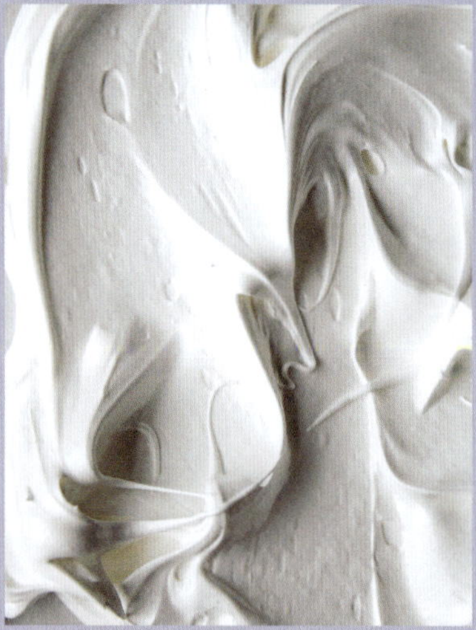

FÜR 12 PERSONEN

PERFEKT ALS DESSERT IM SOMMER

SCHWIERIGKEITSGRAD: ANSPRUCHSVOLL

Wunderbar seidiger Schokoladenflan

PUDDINGFÜLLUNG

100 g verquirltes Ei
75 g Zucker
35 g Speisestärke
250 g Konditorsahne (35 % Fettgehalt)
250 ml Milch
75 g hochwertige Zartbitterschokolade, Kakaobutter mind. 57 %, gehackt oder als Pellets

PLUNDERTEIG

170 g Butter, gut gekühlt
175 g Mehl, Type 550, plus mehr zum Arbeiten
¼ TL Salz

Wer noch nie einen cremig-schokoladigen Flan probiert hat, dem entging bisher eine Menge. Knackiger Plunderteig und eine opulente Schokoladenfüllung machen diesen Kuchen zu einer wahren Offenbarung. Damit sich Geschmack und Konsistenz optimal entfalten können, sollten Sie den Flan 20 Minuten vor dem Servieren aus dem Kühlschrank nehmen.

Für die Puddingfüllung Eier, Zucker und Speisestärke in einer Schüssel mit dem Handrührgerät glatt verrühren.

Die Sahne mit dem Schneebesen unterrühren.

Die Milch in einem Topf bei mittlerer Hitze bis knapp unter den Siedepunkt erhitzen.

Die dunkle Schokolade in eine hitzebeständige Schüssel füllen.

Die heiße Milch in dünnem Strahl langsam zur Eimischung gießen, dabei ständig weiterrühren.

Die Mischung zurück in den Topf füllen und unter ständigem Rühren bei mittlerer Hitze erwärmen, bis der Pudding einzudicken beginnt.

Die Puddingmasse sofort über die Schokolade gießen und rühren, bis die Schokolade vollständig geschmolzen und eingearbeitet ist.

Alles mit Frischhaltefolie abdecken (direkt auf der Oberfläche) und im Kühlschrank vollständig erkalten lassen.

Für den Plunderteig die kalte Butter raspeln. Wenn sie dabei weich wird, kurz in den Kühlschrank stellen.

Butterraspel, Mehl und Salz in eine Schüssel füllen.

Nach und nach 60–70 ml eiskaltes Wasser hinzufügen und mit der Hand untermengen, bis sich die Zutaten zu einem Teig verbinden und nur noch kleine Butterstücke zu sehen sind. Möglicherweise wird nicht das gesamte Wasser benötigt.

Den Teig auf einer bemehlten Arbeitsfläche rechteckig (etwa 20 × 35 cm) ausrollen.

Bitte umblättern >

SO GELINGT'S

> Wenn man Backpapier erst zerknüllt und anschließend wieder flach drückt, sorgen die Knicke dafür, dass es flach liegen bleibt und sich nicht wieder zusammenrollt.

> Der Teig muss vollständig durchgebacken sein, bevor er gefüllt wird. Jeder Ofen heizt anders, darum muss die Backzeit eventuell angepasst werden.

PANNENHILFE

> Löcher im Teig können einfach mit ausgerollten Teigresten abgedichtet werden.

Ein Drittel des Teigs von der oberen Schmalseite aus nach unten falten, dann die untere Seite nach oben klappen.

In Frischhaltefolie einwickeln und 30 Minuten in den Kühlschrank legen.

Den Teig wieder auf die Arbeitsfläche legen, rechteckig ausrollen und wie oben beschrieben falten.

Den Teig um 90 Grad drehen und den beschriebenen Ausroll- und Faltvorgang wiederholen.

Den Teig erneut in Frischhaltefolie einwickeln und weitere 30 Minuten in den Kühlschrank legen.

Den Backofen auf 220 °C (Umluft) vorheizen.

Einen Tortenring (Ø 16 cm, 4 cm hoch) auf ein mit Backpapier ausgelegtes Backblech stellen.

Den gekühlten Teig zu einem Rechteck ausrollen und ein letztes Mal wie oben beschrieben falten.

Anschließend den Teig etwa 3 mm dünn möglichst rund ausrollen und mit einer Gabel regelmäßig einstechen, damit er nicht aufgeht.

Aus dem Teig einen Kreis (Ø 26 cm) ausschneiden und den Tortenring damit auslegen. Den überstehenden Teigrand nicht abschneiden.

Den Teig mit zerknülltem und dann flach gedrücktem Backpapier auslegen (siehe Tipp) und mit ungekochtem Reis füllen. Im Ofen 20 Minuten blindbacken.

Papier und Reis entfernen, den Teig weitere 15 Minuten backen, bis er hell goldbraun ist. Den Ofen eingeschaltet lassen.

Den Teigboden leicht abkühlen lassen, dann mit einem Sägemesser den überstehenden Teigrand gerade abschneiden.

Die gekühlte Schokoladenfüllung glatt rühren.

Die Schokoladenmasse auf dem Teigboden mit einem Löffel oder Spatel glatt verstreichen. Die Füllung soll mit der Oberkante des Teigs abschließen.

Auf der obersten Schiene des Backofens den Flan 10–15 Minuten backen, bis die Füllung eine Haut zu bilden beginnt und Farbe annimmt.

Den Flan aus dem Ofen nehmen und leicht abkühlen lassen.

Im Kühlschrank vollständig erkalten lassen. Vor dem Anschneiden muss die cremige Füllung gut durchgekühlt sein.

Der Flan ist im Kühlschrank etwa 3 Tage haltbar.

FÜR 6 PERSONEN

PERFEKT FÜR FESTLICHE MENÜS IM SOMMER

SCHWIERIGKEITSGRAD: MITTEL

Mini-Eisbomben mit Erdnussmousse und Schokolade

ERDNUSSMOUSSE

225 g Konditorsahne (35 % Fettgehalt), gekühlt
100 g Zucker
¼ TL Vanillepaste
125 g stückige Erdnussbutter
50 g hochwertige weiße Schokolade, Kakaobutter mind. 28 %, gehackt oder als Pellets
40 g Butter, gewürfelt
½ TL Meersalz

ZUM SERVIEREN

400 g hochwertige Vollmilchschokolade
60 g geröstete, gesalzene Erdnusskerne, grob gehackt

Gefrorene Mousse aus Erdnussbutter mit knackiger Hülle aus Schokolade und Erdnusskernen – das sollten Sie sich nicht entgehen lassen. Die süß-salzige Geschmackskombination bildet zusammen mit der cremigen, leicht knusprigen Konsistenz einen wahrhaft sinnlichen Genuss.

Für die Mousse sechs Quadrate (30 cm) aus Frischhaltefolie ausschneiden und sechs kleine Tassen damit auslegen.

Die Sahne halbsteif schlagen. Mit Frischhaltefolie abdecken und bis zur weiteren Verwendung in den Kühlschrank stellen.

Zucker, 50 ml Wasser und Vanille in einem Topf bei starker Hitze zum Kochen bringen.

Erdnussbutter und weiße Schokolade in eine hitzebeständige Schüssel füllen. Den Sirup mit dem Schneebesen unterrühren.

Butter und Salz mit dem Schneebesen unterrühren. Die Masse auf Körpertemperatur abkühlen lassen, dann die halbsteife Sahne unterheben.

Die Masse auf die sechs vorbereiteten Tassen verteilen.

Den überlappenden Teil der Frischhaltefolie anheben und verdrehen. Alles mindestens 4 Stunden anfrieren.

Die Vollmilchschokolade in einer mikrowellengeeigneten Plastikschüssel auf höchster Stufe in Intervallen von 30 Sekunden in der Mikrowelle erhitzen, bis sie vollständig geschmolzen ist. Nicht zu heiß werden lassen (Körpertemperatur, etwa 35 °C).

Das Semifreddo aus den Tassen nehmen, die Folie entfernen. Einen Spieß oder Zahnstocher in den Boden jeder Portion stecken, dann in die geschmolzene Schokolade tauchen.

Zügig gehackte Erdnusskerne über die noch weiche Schokolade streuen. Die Desserts auf einen Teller oder in einen luftdichten Behälter legen, die Spieße herausziehen und das Semifreddo bis zum Servieren wieder in das Gefrierfach stellen.

Das Semifreddo kann bis zu 4 Wochen im Voraus zubereitet und in einem luftdichten Behälter eingefroren werden. Serviert wird es direkt aus dem Gefrierfach.

SO GELINGT'S

> Die Schokolade muss für dieses Rezept nicht temperiert werden, weil sie beim Einfrieren fest wird.

... NOCH BESSER

> Wer es nicht so süß mag, kann die Semifreddo-Bomben auch in dunkle Schokolade tauchen.

FÜR 8–10 PERSONEN | PERFEKT FÜR FESTLICHE ANLÄSSE | SCHWIERIGKEITSGRAD: ANSPRUCHSVOLL

Kühlschrank-Käsekuchen mit Schokoladenblüte

SCHOKOLADENBODEN

200 g trockene Schokoladenkekse (Fertigprodukt)
80 g Butter, zerlassen

FÜLLUNG

190 g Konditorsahne (35 % Fettgehalt)
410 g Doppelrahmfrischkäse, Zimmertemperatur
50 g Zucker
15 g Puderzucker
½ TL frisch geriebene Muskatnuss
1 TL Vanillepaste
1 Prise Salz
1½ TL Zitronensaft

SCHOKOLADENGLASUR

95 g Konditorsahne (35 % Fettgehalt)
35 g Glukosesirup
90 g hochwertige Zartbitterschokolade, Kakaobutter mind. 57 %, gehackt oder als Pellets
½ TL Vanilleextrakt

SCHOKOLADENBLÜTE

250 g hochwertige Zartbitterschokolade, Kakaobutter mind. 57 %, gehackt oder als Pellets

Ein knuspriger Keksboden, eine milde Frischkäsecreme und eine glänzende Schokoladenglasur: Damit werden Sie garantiert Applaus ernten. Gekrönt wird der feine Käsekuchen mit einer eleganten Schokoladenblüte. Und das Beste ist, dass der Backofen kalt bleiben darf.

Für den Schokoladenboden eine geriffelte Tarteform (Ø 20 cm, 3,5 cm Höhe) einfetten. Den Boden mit Backpapier auslegen.

Die Kekse im Mixer zu feinen Krümeln zerkleinern.

Die Kekskrümel in einer Schüssel mit der flüssigen Butter vermischen. Die Masse an den Boden und den Rand der Form drücken (siehe Tipps Seite 171). Bis zur Verwendung in den Kühlschrank stellen.

Für die Frischkäsefüllung die Sahne mit dem Schneebesen halbsteif schlagen. Mit Frischhaltefolie abdecken und bis zur Verwendung in den Kühlschrank stellen.

Den Frischkäse auf mittlerer Stufe cremig rühren. Zucker, Puderzucker, Muskatnuss, Vanille und Salz einrühren, bis die Masse glatt und cremig ist. Etwaige Cremespritzer am Rand mit dem Spatel wieder in die Creme einarbeiten. Den Zitronensaft sorgfältig unterrühren.

Die halbsteif geschlagene Sahne vorsichtig unterheben.

Die Füllung mit einem Löffel auf dem Keksboden gleichmäßig verstreichen. Nur so hoch füllen, dass dabei genügend Platz für die Schokoladenglasur bleibt.

Den Käsekuchen mindestens 1 Stunde zum Festwerden in den Kühlschrank stellen.

Für die Schokoladenglasur Sahne und Glukosesirup in einem Topf bei mittlerer Hitze zum Kochen bringen.

Die Schokolade in eine hitzebeständige Schüssel füllen.

Die Sahnemischung über die Schokolade gießen und verrühren, bis die Schokolade vollständig geschmolzen und eingearbeitet ist. Die Vanille unterrühren.

Bitte umblättern >

Mit Frischhaltefolie abdecken (direkt auf der Oberfläche) und bei Zimmertemperatur abkühlen lassen.

Für die Schokoladenblüten fünf Streifen Backpapier von etwa 7 x 30 cm schneiden.

Die Schokolade in einer mikrowellengeeigneten Plastikschüssel temperieren: auf höchster Stufe in Intervallen von 30 Sekunden in der Mikrowelle erhitzen, zwischendurch umrühren. Wenn etwa die Hälfte der Schokolade flüssig ist, kräftig umrühren, bis die restliche feste Schokolade geschmolzen ist. Falls sich einige Stücke nicht auflösen wollen, diese unter Rühren mit einem Föhn erwärmen, bis sie schmelzen.

Um einzelne Blütenblätter zu formen, einen trockenen Backpinsel in die temperierte Schokolade tauchen und in einer leicht gebogenen Linie quer auf die Backpapierstreifen streichen. Weitere Linien daneben setzen (siehe Tipp Seite 171).

Von diesen Blütenblättern zehn flach auf der Arbeitsfläche liegen lassen. Etwa 20 Stück sollten für den 3D-Effekt gebogen trocknen. Dafür die Backpapierstücke leicht biegen und in die Öffnung eines weiten Kruges schieben, damit das Papier die gewölbte Form behält. Die Schokolade bei Zimmertemperatur aushärten lassen, dann vorsichtig das Backpapier entfernen.

Die restliche Schokolade unter Rühren mit einem Föhn (an die Schüsselwand pusten) leicht erwärmen.

Einen Teelöffel der Schokolade in die Mitte eines 3 cm großen quadratischen Stücks Backpapier setzen.

Für die äußere Lage von Blütenblättern fünf der flachen Blütenblätter sternförmig anordnen, dabei muss jede Basis mit der geschmolzenen Schokolade in Berührung kommen (alternativ kann die Blume auch nur aus gebogenen Blütenblättern gebildet werden).

Mit einem Löffel etwas geschmolzene Schokolade in die Mitte setzen und die restlichen flachen Blütenblätter so anordnen, dass sie die Lücken in der ersten Lage füllen.

Die Rückseite der restlichen gebogenen Blütenblätter jeweils mit etwas flüssiger Schokolade betupfen, dann die Blätter in die Blüte einfügen, bis sie Volumen bekommt.

Bei Zimmertemperatur fest werden lassen.

Den Kuchen aus der Form nehmen, auf eine Servierplatte setzen.

Die vorbereitete Glasur in der Mikrowelle auf höchster Stufe erhitzen, dabei in regelmäßigen Abständen vorsichtig umrühren, bis sie sich gerade noch warm anfühlt.

SO GELINGT'S

> Ich benutze den Deckel einer Pflanzenöl-Sprühdose, um die Kekskrümel an den Boden der Form zu drücken.

> Die Blüte ist empfindlich. Beschädigungen lassen sich vermeiden, wenn man sie direkt auf dem Kuchen zusammensetzt.

> Die angegebene Menge ist so bemessen, dass einige zusätzliche Blütenblätter geformt werden können, um eventuelle Bruchstellen auszugleichen.

PANNENHILFE

> Wenn die Kekskrümel nicht zusammenhalten wollen, mischen Sie sie in der Schüssel mit etwas mehr flüssiger Butter.

... NOCH BESSER

> Besonders gut schmeckt dieser Kuchen, wenn Sie zusätzlich frische Beeren in die Füllung mischen.

> Die Blüte sieht auch toll aus, wenn man sie aus temperierter weißer Schokolade formt, die mit etwas fettlöslicher Lebensmittelfarbe eingetönt wird.

> Für eine größere Blüte einfach einen breiteren Backpinsel verwenden.

Die Glasur über den Kuchen gießen. Restliche Glasur kann separat dazu serviert werden.

Die Schokoladenblume auf die Torte setzen.

Die Blütenblätter können frühzeitig hergestellt und bei Zimmertemperatur (unter 25 °C) bis zu 4 Wochen aufbewahrt werden. Der gefüllte Boden ist bis zu 3 Tage im Kühlschrank haltbar. Er sollte aber erst einige Stunden vor dem Servieren mit der Glasur überzogen und mit der Blüte garniert werden. Bis zum Servieren kühl stellen.

Kapitel 5

Klassisch, tröstend, gemütlich

Knusprige Schokoladen-Mandel-Croissants

SCHOKO-MANDEL-CREME

60 g weiche Butter
90 g Zucker
60 g verquirltes Ei
90 g Mandelmehl
10 g Kakaopulver

ZUM SERVIEREN

160 g Zucker
6 Croissants vom Vortag
120 g gehobelte Mandeln
Puderzucker zum Bestäuben

SO GELINGT'S

> Die Mandelblättchen nicht verbrennen lassen, sie sollen gerade goldbraun sein.

> Die Croissants sollten mit Butter zubereitet sein, nicht mit Pflanzenfett. Denn Buttercroissants schmecken einfach besser.

... NOCH BESSER

> Allergiker können das Mandelmehl durch gemahlene Sonnenblumenkerne und die Mandelblättchen durch ganze Sonnenblumenkerne ersetzen.

Dieses unkomplizierte, knusprige und buttrige Gebäck macht jeden Brunch zum Fest. Die üppigen Croissants sind ein Genuss und machen wenig Aufwand. Allein die Schokoladen-Mandel-Creme ist Grund genug, gleich noch einmal zuzugreifen. Und das Beste: Je altbackener die Croissants, desto knuspriger werden sie.

Für die Schokoladen-Mandel-Creme die Butter mit Zucker in einer Küchenmaschine mit Flachrührer cremig rühren, bis keine Butterstücke mehr zu sehen sind.

Nach und nach die Eier sorgfältig unterrühren. Etwaige Spritzer am Rand der Schüssel mit einem Spatel wieder einarbeiten.

Mandelmehl und Kakaopulver gut unterrühren. Den Backofen auf 170 °C (Umluft) vorheizen.

Den Zucker mit 120 ml Wasser in einem Topf bei starker Hitze zum Kochen bringen. Sobald sich der Zucker aufgelöst hat, den Topf vom Herd nehmen und den Sirup beiseitestellen.

Die Croissants waagerecht in der Mitte durchschneiden. Die Schnittflächen in den vorbereiteten Sirup tauchen, dann auf ein mit Backpapier ausgelegtes Backblech legen.

Die Hälfte der Schokoladen-Mandel-Creme auf die mit Zucker getränkten Unterteile streichen oder spritzen, dann mit den Oberteilen der Croissants bedecken.

Die Oberseite der Croissants mit Sirup einpinseln, die restliche Mandelcreme darauf verteilen und mit den Mandelblättchen bestreuen.

Die Croissants 20–25 Minuten im Ofen backen, bis die Mandeln goldbraun sind.

Vor dem Servieren die Oberfläche der Croissants mit Puderzucker bestäuben.

Die vorbereiteten Croissants können bis zu 8 Wochen eingefroren werden. Vor dem Backen werden sie aufgetaut. Nach dem Backen halten sie sich bei Zimmertemperatur 3 Tage.

FÜR 10–12 PERSONEN

PERFEKT FÜR GÄSTE ODER BESONDERE ANLÄSSE

SCHWIERIGKEITSGRAD: ANSPRUCHSVOLL

Ingwerkuchen mit Marmorglasur

INGWER IN SIRUP

225 g frischer Ingwer
300 g Zucker

INGWERKUCHEN

235 g Butter
365 g Mehl, plus 2 TL Mehl für die Form
2 TL Backpulver
200 g dunkler Rohrohrzucker (etwa Muscovado)
50 g dunkler Rübensirup
150 g Golden Syrup (heller Sirup aus Zuckerrohr oder -rüben)
100 g verquirltes Ei
300 ml Milch
1 TL Meersalz
3 TL gemahlener Ingwer
½ TL gemahlener Zimt
½ TL Backnatron

SCHOKOLADENGLASUR

800 g hochwertige weiße Schokolade, Kakaobutter mind. 28 %, gehackt oder als Pellets
150 g hochwertige Zartbitterschokolade, Kakaobutter mind. 57 %, gehackt oder als Pellets
100 ml Traubenkernöl

Dieser Kuchen gehört zu meinen Favoriten, denn er schmeckt so gut wie er aussieht. Der Teig punktet mit einer spannenden Geschmackskombination aus herb-süßem Sirup, Karamell und einem Hauch Zimt. Die marmorierte Glasur ist ein echter Hingucker. Am Vortag beginnen.

Für den Sirup den Ingwer schälen und in dünne Stifte schneiden.

Diese mit 700 ml Wasser in einem mittelgroßen Topf bei geschlossenem Deckel etwa 2½ Stunden köcheln lassen, bis der Ingwer weich ist.

Den Ingwer durch ein feines Sieb abgießen, dabei die Flüssigkeit auffangen.

Von diesem Ingwersud 300 ml wieder in den Topf gießen (falls die Menge nicht ausreicht, mit Wasser auffüllen).

Den Zucker einrühren und gemeinsam bei starker Hitze zum Kochen bringen.

Sobald sich der Zucker vollständig aufgelöst hat, den weich gekochten Ingwer 5 Minuten mitköcheln lassen. Vom Herd nehmen und auf Zimmertemperatur abkühlen lassen.

Nach dem Abkühlen den Ingwer und den Sirup in einem luftdichten Behälter im Kühlschrank aufbewahren, bis sie benötigt werden (für eine zeitsparende Variante siehe Tipp Seite 177).

Den Backofen auf 160 °C (Umluft) vorheizen.

Für den Kuchenteig von der Butter 15 g in einem kleinen Topf sanft schmelzen. Eine Gugelhupfform (Ø 22 cm, 10 cm hoch) mit der flüssigen Butter einpinseln. Die Form mit Mehl ausstreuen und drehen, bis die Innenseite mit Mehl bedeckt ist. Überschüssiges Mehl ausschütten. Die Form beiseitestellen.

Restliche Butter (220 g), Zucker, dunklen und hellen Sirup in einem sauberen Topf bei mittlerer Hitze unter Rühren schmelzen. Die Mischung in eine Schüssel füllen und auf Zimmertemperatur abkühlen lassen.

SO GELINGT'S

- Wer es eilig hat, kauft in Sirup eingelegten Ingwer fertig im Glas. Den Ingwer ggf. noch in Stifte schneiden. Das Einlegewasser wie beschrieben zu Sirup einkochen.
- Beim Glasieren ist es praktisch, wenn jemand auf der anderen Seite des Kuchens steht, um sicherzustellen, dass die Glasur die gesamte Oberfläche bedeckt. Oder den Kuchen auf einer Platte drehen.
- Glasieren Sie den Kuchen zügig, damit die Glasur an Überlappungen verschmilzt. Wenn Sie die Tortenoberfläche mit einem Föhn leicht erwärmen, braucht die Schokolade länger, um fest zu werden.

... NOCH BESSER

- Für einen dritten Farbakzent können Sie eine zweite Portion weiße Schokolade mit fettlöslicher Lebensmittelfarbe mischen und entsprechend weniger dunkle Schokolade verwenden. Etwas dunkle Schokolade wird aber als Kontrast benötigt.
- Der Kuchen kann in jeder beliebigen Form gebacken werden, dann eventuell die Backzeit anpassen.

Eier und Milch zu dem Sirupmix mischen und mit dem Schneebesen verrühren.

Vorbereitete Ingwerstifte, 50 ml Ingwersirup, Mehl mit Backpulver, Salz, gemahlenen Ingwer, Zimt und Natron vorsichtig unterheben.

Den Kuchenteig in die vorbereitete Form gießen und 40–45 Minuten im Ofen backen. Er ist fertig, wenn an einem mittig eingestochenen Stäbchen keine Teigreste haften.

Den Kuchen 10 Minuten abkühlen lassen, dann aus der Form nehmen und auf einem Gitterrost ganz erkalten lassen.

Den Kuchen in Frischhaltefolie wickeln und 3 Stunden oder über Nacht in den Kühlschrank stellen.

Für die Glasur die weiße Schokolade in einer mikrowellengeeigneten Plastikschüssel temperieren: auf höchster Stufe in Intervallen von 30 Sekunden in der Mikrowelle erhitzen, zwischendurch umrühren. Wenn etwa die Hälfte der Schokolade flüssig ist, kräftig umrühren, bis die restliche feste Schokolade geschmolzen ist. Falls sich einige Stücke nicht auflösen wollen, diese unter Rühren mit einem Föhn erwärmen, bis sie schmelzen.

Die dunkle Schokolade auf die gleiche Weise in einer separaten Schüssel temperieren.

Vom Traubenkernöl 80 ml in die weiße Schokolade rühren. Das restliche Traubenkernöl in die dunkle Schokolade rühren.

Abwechselnd weiße und dunkle Glasur in einen Messbecher gießen (siehe Foto auf der folgenden Seite).

Den gekühlten Kuchen auf einen Gitterrost über einem Backblech setzen und langsam mit der Glasur übergießen.

Die Glasur mit einem scharfen Messer auf Höhe des Kuchenbodens abschneiden, bevor die Schokolade zu fest wird.

Den Kuchen auf eine Servierplatte setzen und vor dem Servieren 2 Stunden in den Kühlschrank stellen.

Der noch nicht glasierte Ingwerkuchen kann bis zu 8 Wochen eingefroren werden. Vor dem Glasieren wieder Zimmertemperatur annehmen lassen. Nach dem Glasieren hält er sich bei Zimmertemperatur etwa 5 Tage.

Fotos folgende Seiten >

ERGIBT 24 STÜCK

PERFEKT ALS KLEINE NASCHEREI ZWISCHENDURCH

SCHWIERIGKEITSGRAD: EINFACH

Schokoladentaler mit bunten Streuseln und Kokosraspeln

100 g Kokosraspel
200 g hochwertige Vollmilchschokolade, Kakaobutter mind. 30 %, gehackt oder als Pellets
200 g bunte Zuckerperlen (Nonpareilles)

Es ist schwer zu erklären, warum Schokoladentaler (oder -kringel) mit kleinen Zuckerperlen so beliebt sind. Vielleicht hat es mit Kindheitserinnerungen zu tun. Eine neue Variante liefern die knusprig gerösteten Kokosraspel. Aber stellen Sie mich nicht vor die Wahl: Ich mag sie beide.

Den Backofen auf 160 °C (Umluft) vorheizen.

Die Kokosraspel gleichmäßig auf einem mit Backpapier ausgelegten Backblech verteilen und 2–3 Minuten im Ofen rösten. Herausnehmen und auf dem Blech durchwenden, dann weitere 2–3 Minuten rösten, bis sie goldbraun sind. Auf Zimmertemperatur abkühlen lassen.

Die Schokolade in einer mikrowellengeeigneten Plastikschüssel temperieren: auf höchster Stufe in Intervallen von 30 Sekunden in der Mikrowelle erhitzen, zwischendurch umrühren. Wenn etwa die Hälfte der Schokolade flüssig ist, kräftig umrühren, bis die restliche feste Schokolade geschmolzen ist. Falls sich einige Stücke nicht auflösen wollen, diese unter Rühren mit einem Föhn erwärmen, bis sie schmelzen.

Ein Backblech mit Backpapier auslegen; noch einfacher lassen sich die Taler auf eine Silikonbackmatte mit leicht vorgeformten Macaron-Kreisen spritzen.

Die temperierte Schokolade in einen Gefrierbeutel füllen und eine kleine Ecke abschneiden. Jeweils einige Taler auf das Blech spritzen, dann dieses vorsichtig auf die Arbeitsfläche klopfen, um die Schokolade zu glätten. Die Hälfte der Taler mit Kokosraspeln bestreuen, die restlichen mit Zuckerperlen. Fortfahren, bis die gesamte Schokolade verbraucht ist.

Bei Zimmertemperatur erstarren lassen, dann überschüssige Kokosraspel und Zuckerperlen abschütteln. Falls es in Ihrer Küche zu warm ist, die Schokoladentaler zum Festwerden 10 Minuten in den Kühlschrank stellen.

Die Schokoladentaler halten sich in einem luftdichten Behälter bei Zimmertemperatur (unter 25 °C) etwa 3 Monate.

SO GELINGT'S

> Damit die Toppings nicht überall verstreut werden und sich leicht wieder einsammeln lassen, können Sie einen Teil Ihrer Arbeitsfläche mit Frischhaltefolie abdecken und dann das Blech, auf dem Sie die Schokoladentaler bestreuen, darauf stellen.

… NOCH BESSER

> Mischen Sie die Kokosraspel mit etwas essbarem Gold-Glitzerpulver, bevor Sie die Schokoladentaler damit bestreuen.

FÜR 8 PERSONEN

PERFEKT FÜR EINEN SÜSSEN SNACK AM NACHMITTAG

SCHWIERIGKEITSGRAD: EINFACH

Traditioneller glasierter Marmorkuchen

MARMORKUCHEN

200 g weiche Butter, plus mehr zum Einfetten
350 g Zucker
1 TL Vanilleextrakt
1 Prise Meersalz
200 g verquirltes Ei, Zimmertemperatur
195 g Mehl, Type 405
1½ TL Backpulver
90 ml Milch
25 g Kakaopulver

GLASUR

30 g Butter
60 g Zucker
½ TL Vanilleextrakt

Klassische Kuchen werden oft unterschätzt, dabei sieht das marmorierte Innere dieses Kastenkuchens wirklich appetitlich aus. Die dezente, aber köstliche Glasur gibt ihm eine feine Süße. Da schneidet man sich nach dem Mittagessen, zum Kaffee am Nachmittag oder zum Frühstück gern eine Scheibe ab.

Für den Marmorkuchen den Ofen auf 160 °C (Umluft) vorheizen. Eine Kastenform (11 × 21 cm) einfetten und den Boden mit Backpapier auslegen. Sie können auch eine runde oder quadratische Form von 18–20 cm verwenden.

Butter, Zucker, Vanille und Salz auf mittlerer Stufe schaumig schlagen, dann auf hohe Stufe schalten und etwaige Spritzer am Rand der Schüssel mit einem Spatel wieder einarbeiten (siehe Tipp Seite 185).

Das verquirlte Ei jeweils esslöffelweise gut unter die Buttermischung rühren, damit der Teig nicht gerinnt.

Vom Teig 180 g abwiegen und für den Schokoladenteig beiseitestellen. Die restliche Menge wird für den hellen Teig verwendet.

Dann 160 g Mehl mit 1 TL Backpulver sieben und nach und nach abwechselnd mit 70 ml Milch unter den hellen Teig heben (siehe Tipp Seite 185). Sobald das gesamte Mehl eingearbeitet ist, nicht mehr rühren, weil sonst der Kuchen beim Backen zäh werden kann.

Das restliche Mehl (35 g) mit dem Kakaopulver und dem restlichen Backpulver (½ TL) sieben und abwechselnd mit der restlichen Milch (20 ml) unter die für den Schokoladenteig abgewogene Eier-Butter-Masse heben.

Die beiden Teige abwechselnd in die vorbereitete Kastenform schichten und den Stiel eines Esslöffels im Zickzack von einem Ende zum anderen durch den Teig ziehen, sodass marmorierte Schichten entstehen.

Den Kuchen 55–60 Minuten im Ofen backen, bis an einem mittig eingestochenen Stäbchen keine Teigreste mehr haften.

Bitte umblättern >

Für die Glasur Butter, Zucker, 60 ml Wasser und Vanille in einem Topf bei mittlerer Hitze zum Kochen bringen.

Das Ganze 1 Minute köcheln lassen, dann den warmen Kuchen noch in der Form mit der Glasur bestreichen.

Den Kuchen aus der Form nehmen, sobald er abgekühlt ist.

Der Kuchen kann bis zu 4 Wochen tiefgekühlt oder maximal 5 Tage bei Zimmertemperatur aufbewahrt werden.

SO GELINGT'S

> Es ist wichtig, die Butter und den Zucker sehr gründlich zu schlagen, damit sich der Zucker auflöst.

> Bevor Sie mit der Zubereitung des Kuchens beginnen, erwärmen Sie die Eier auf Körpertemperatur, indem Sie sie in eine Schüssel mit warmem Wasser legen. Die Eier vorsichtig bewegen, während sie warm werden.

> Wenn Sie abwechselnd Mehl und Milch zugeben, beginnen Sie immer mit etwas Mehl.

... NOCH BESSER

> Besonders üppig wird der Kuchen, wenn Sie ihn mit der Ganache vom Rocky Road Cake (siehe Seite 97) bestreichen.

Schokoladentorte mit Vanille und Himbeeren

VANILLE-HIMBEER-BISKUIT

20 g Butter, zerlassen, plus mehr zum Einfetten
200 g verquirltes Ei
110 g Zucker
½ TL Vanillepaste
115 g Mehl, Type 405, gesiebt
1 Prise Salz
120 g Himbeeren, frisch oder TK

KAKAOSIRUP ZUM TRÄNKEN

120 g Zucker
45 g Kakaopulver
20 g Himbeerkonfitüre

KOKOSMANTEL

125 g Kokosraspel
20 g Kakaopulver

VANILLESAHNE

400 g Konditorsahne (35 % Fettgehalt)
50 g Zucker
½ TL Vanillepaste

ZUM SERVIEREN

Himbeerkonfitüre
hochwertige Blockschokolade zartbitter (70 % Kakaogehalt)
125 g frische Himbeeren

Mit dieser Torte werden Sie Applaus ernten. Ein weicher Vanillebiskuit mit Himbeeren wird mit einem Kakaosirup getränkt und mit schokoladigen Kokosraspeln bestreut. Gefüllt wird das Kunstwerk mit luftiger Vanillesahne und Himbeerkonfitüre. Als Krönung kommen Schokoladenspäne und frische Himbeeren obendrauf.

Den Backofen auf 165 °C (Umluft) vorheizen. Zwei runde Backformen (Ø 18 cm) einfetten.

Eier, Zucker und Vanille mit dem Schneebesen etwa 5 Minuten auf höchster Stufe hell und schaumig aufschlagen (siehe Tipp Seite 189).

Um zu prüfen, ob die Eimischung fertig ist, den Schneebesen anheben: Die Kleckse, die zurück in die Schüssel tropfen, sollten kurz auf der Oberfläche der Masse in der Schüssel liegen bleiben, ehe sie versinken.

Das Mehl und das Salz in drei Portionen vorsichtig unter die Eiermasse heben.

Eine kleine Menge des Teigs mit der flüssigen Butter vermischen, dann die gesamte Butter unter den Teig rühren.

Die Himbeeren mit der Hand etwas zerkleinern, dann vorsichtig unter den Teig heben.

Den Teig gleichmäßig in die vorbereiteten Formen verteilen.

Die Kuchenböden 15–18 Minuten im Ofen backen, bis der Teig auf Fingerdruck leicht nachgibt.

Noch 5 Minuten abkühlen lassen, dann aus den Formen stürzen und auf einem Küchengitter erkalten lassen.

Die erkalteten Teigböden in Frischhaltefolie wickeln und mindestens 40 Minuten ins Gefrierfach legen.

Für den Kakaosirup Zucker, 120 ml Wasser, Kakaopulver und Konfitüre in einem Topf gründlich verrühren und alles zum Kochen bringen.

Bitte umblättern >

SO GELINGT'S

> Damit der Kuchen besser aufgeht, erwärmen Sie die Eier auf Körpertemperatur, indem Sie sie in eine Schüssel über einem Wasserbad legen. Bewegen Sie die Eier vorsichtig, während sie sich erwärmen.

… NOCH BESSER

> Wenn Sie es süßer haben möchten, lassen Sie das Kakaopulver im Kokosmantel weg.

> Für eine Torte mit drei Böden müssen alle Zutatenmengen um 50 % erhöht werden.

> Anstelle von Schokoladenspänen können Sie die Torte auch mit Blütenblättern aus Schokolade garnieren (siehe Seite 169).

Den Sirup vom Herd nehmen und auf Zimmertemperatur abkühlen lassen.

Für den Kokosmantel Kokosraspel und Kakaopulver in einer Schüssel mit den Fingerspitzen vermengen, auf einem Tablett verteilen und bis zur Verwendung beiseitestellen.

Für die Vanillesahne Sahne, Zucker und Vanille aufschlagen, bis die Mischung eine spritzfähige Konsistenz hat.

Diese in einen Spritzbeutel mit einer 1,2-cm-Sterntülle füllen.

Bei Bedarf die Oberseite der gefrorenen Biskuitböden mit einem Sägemesser begradigen.

Mit einem Backpinsel die Seiten und einen 1 cm breiten Rand auf der Oberfläche eines gefrorenen Teigbodens mit dem Sirup einpinseln.

Den Kokosmantel mit den Händen an die angefeuchteten Flächen drücken. Den Teigboden auf eine Servierplatte legen.

Den zweiten Teigboden seitlich und oben mit dem Sirup einpinseln, dann ebenso die Kokosmischung auf die angefeuchteten Flächen drücken. Den Teigboden mit der ungetränkten Seite nach unten beiseitestellen.

Eine Schicht Himbeerkonfitüre auf dem Teigboden auf der Servierplatte verteilen.

Die Vanillesahne in streifigen Tupfen oder Wellen auf die Konfitüreschicht spritzen.

Den zweiten Biskuitboden mit der Kokosseite nach oben auf die Sahne legen.

Auf der Oberfläche der Torte mit einem Stäbchen einen Ring in 1,5 cm Abstand zum Rand anzeichnen.

Die Vanillesahne auf den angezeichneten Rand spritzen.

Mit einem Sparschäler von der dunklen Schokolade Späne schneiden (für besonders schöne Schokoladenlocken siehe Seite 19).

Die Torte mit den Schokoladenspänen und frischen Himbeeren garnieren.

Die Teigböden können bis zu 4 Wochen im Voraus zubereitet und dann eingefroren werden. Der Kakaosirup zum Tränken kann 2 Tage im Voraus zubereitet werden. Die zusammengesetzte Torte hält sich etwa 3 Tage im Kühlschrank.

ERGIBT 18 STÜCK

PERFEKT FÜR ALLE FÄLLE VON APPETIT AUF SCHOKOLADE

SCHWIERIGKEITSGRAD: EINFACH

Karamellschnitten mit Ganache-Topping

BODEN

125 g Butter, zerlassen, plus mehr zum Einfetten
200 g Vollrohrzucker
120 g Mehl, Type 550
50 g Kokosraspel
1 Prise gemahlener Zimt
50 g hochwertige Vollmilchschokolade, Kakaobutter mind. 30 %, gehackt

KARAMELLFÜLLUNG

80 g Butter, gewürfelt
80 g Vollrohrzucker
1 TL Vanilleextrakt
395 ml gesüßte Kondensmilch
90 g hochwertige Zartbitterschokolade, Kakaobutter mind. 57 %, gehackt oder als Pellets

GANACHE

250 g hochwertige Vollmilchschokolade, Kakaobutter mind. 30 %, gehackt oder als Pellets
100 g Konditorsahne (35 % Fettgehalt)
1 TL Vanilleextrakt
30 g Glukosesirup
1 Prise Meersalz

Karamellschnitten schmecken köstlich, aber der Genuss lässt sich noch steigern. Wie? Natürlich mit Schokolade! Hier versteckt sie sich nicht nur im Teigboden. Sie veredelt auch die Karamellschicht und dient außerdem als krönende Glasur. Unwiderstehlich gut!

Den Backofen auf 160 °C (Umluft) vorheizen. Eine flache Backform (17,5 × 27,5 cm, Höhe 3,5 cm) fetten. Boden und Seiten mit Backpapier auskleiden. Die Form beiseitestellen.

Flüssige Butter und Zucker in einer Schüssel mit einem Holzlöffel verrühren. Mehl, Kokosraspel und Zimt hinzufügen. Weiter mischen, bis sich die Zutaten verbunden haben.

Die Vollmilchschokolade einrühren.

Die Masse als gleichmäßige Schicht auf den Boden der vorbereiteten Backform drücken.

Dann 15 Minuten im Ofen backen.

Aus dem Ofen nehmen und bei Zimmertemperatur beiseitestellen.

Die Ofentemperatur auf 140 °C (Umluft) reduzieren.

Für die Karamellfüllung Butter, Zucker und Vanille in einem Topf bei mittlerer Hitze verrühren.

Sobald die Butter geschmolzen ist und der Zucker sich vollständig aufgelöst hat, die Hitze möglichst niedrig einstellen. Die Kondensmilch angießen und unter ständigem Rühren erhitzen, bis die Mischung zu kochen beginnt. Unter ständigem Rühren weitere 3 Minuten kochen, bis die Mischung leicht eindickt.

Vom Herd nehmen. Die dunkle Schokolade unterrühren, bis sie in den Karamell eingearbeitet ist.

Die Karamellfüllung auf den Boden gießen und darin gleichmäßig verteilen.

Etwa 25 Minuten im Ofen backen.

Bitte umblättern >

… NOCH BESSER

> Die Schnitten wirken viel glamouröser, wenn Sie die Kokosraspel mit etwas essbarem Goldpulver mischen und die fertigen Schnitten damit bestreuen.

Aus dem Ofen nehmen und auf Zimmertemperatur abkühlen lassen.

Für den Ganache-Überzug die Schokolade in eine hitzebeständige Schüssel füllen.

Sahne, Vanille, Glukosesirup und Salz in einem Topf bei mittlerer Hitze aufkochen, dann die Mischung über die Schokolade gießen. Vorsichtig rühren, bis die Schokolade vollständig geschmolzen ist und sich mit den anderen Zutaten verbunden hat.

Die Ganache über die abgekühlte Karamellschicht gießen und gleichmäßig verteilen (für eine weniger reichhaltige Version die Ganache einfach weglassen).

Zum Festwerden 30 Minuten in den Kühlschrank stellen.
Aus der Form nehmen und in 18 Stücke von etwa 3 × 9 cm schneiden.

In einem luftdichten Behälter halten sich die Schnitten bei Zimmertemperatur etwa 2 Wochen.

FÜR 16 PERSONEN

PERFEKT FÜR BESONDERE ANLÄSSE, SOMMERFESTE

SCHWIERIGKEITSGRAD: MITTEL

Schokoladenbiskuit mit weißer Schokoladensahne und Beeren

Mit ihrer Mischung aus süßen und erfrischenden Aromen ist diese Torte genau richtig für die warme Jahreszeit. Die Kombination aus luftigem Teig, üppiger Sahne und reifen Beeren lässt keine Wünsche offen. Man kann die Sahne auch einfach als durchgehende Schicht auftragen statt sie zu spritzen. Das sieht rustikaler aus, schmeckt aber genauso gut.

SCHOKOLADENBISKUIT

20 g Butter, zerlassen, plus mehr zum Einfetten
200 g verquirltes Ei, Zimmertemperatur
100 g Zucker
1 EL Vanillepaste
95 g Mehl, Type 405
15 g Kakaopulver
1 Prise Meersalz
60 g hochwertige Vollmilchschokolade, Kakaobutter mind. 30 %, gehackt oder als Pellets

WEISSE SCHOKOLADENSAHNE

330 g Konditorsahne (35 % Fettgehalt)
1 TL Vanillepaste
35 g Glukosesirup
220 g hochwertige weiße Schokolade, Kakaobutter mind. 28 %, gehackt oder als Pellets

ZUM SERVIEREN

300 g gemischte frische Beeren

Den Backofen auf 165 °C (Umluft) vorheizen. Eine runde Backform (Ø 18 cm) einfetten.

Eier, Zucker und Vanille mit dem Schneebesen auf höchster Stufe etwa 5 Minuten aufschlagen, bis die Masse hell und schaumig ist.

Mehl, Kakaopulver und Salz in eine Schüssel sieben, dann vorsichtig unter die Eiermischung heben.

Eine kleine Menge des Teigs mit der flüssigen Butter vermischen, dann die gesamte Butter unter den Teig rühren.

Die Schokolade vorsichtig unterheben.

Den Teig in die vorbereitete Kuchenform füllen und 35–40 Minuten im Ofen backen, bis an einem mittig eingestochenen Stäbchen keine Teigreste mehr haften.

Den Biskuit auf Zimmertemperatur abkühlen lassen, dann aus der Form stürzen.

Den abgekühlten Biskuit mindestens 30 Minuten anfrieren, damit er sich leichter schneiden lässt.

Den Biskuit mit einem Sägemesser quer in drei gleich dicke Böden schneiden.

Für die weiße Schokoladensahne 220 g Sahne, Vanille und Glukosesirup in einem Topf verrühren und bei mittlerer Hitze zum Kochen bringen.

SO GELINGT'S

> Wenn Sie den Teig von einer Seite zur anderen durchschneiden, können ungleichmäßige Böden entstehen. Bringen Sie stattdessen Markierungen für die Schnitthöhen an der Seite an und schneiden Sie, während Sie den Kuchen drehen, bis Sie die Mitte erreichen.

... NOCH BESSER

> Wer möchte, kann die Oberseite der Torte zusätzlich mit weißen Schokoladenspänen garnieren (siehe Seite 19).

Die weiße Schokolade in eine hitzebeständige Schüssel füllen.

Die heiße Sahnemischung über die Schokolade gießen und verquirlen, bis die Schokolade vollständig geschmolzen und eingearbeitet ist. Erst dann die restliche Sahne mit dem Schneebesen unterrühren.

Mit Frischhaltefolie abdecken (direkt auf der Oberfläche) und mindestens 6 Stunden in den Kühlschrank stellen.

Die weiße Schokoladensahne zu einer spritzfähigen Masse aufschlagen. Diese in einen Spritzbeutel mit einer 8-mm-Sterntülle füllen, nur kurz beiseitestellen.

Einen Teigboden auf eine Servierplatte legen und ein Drittel der Schokoladensahne darauf spritzen.

Einige Beeren auf die Sahne streuen.

Den Vorgang mit dem zweiten Teigboden, Sahne und Beeren wiederholen.

Den dritten Teigboden auflegen, die restliche Sahne darauf verteilen und die Torte mit den restlichen Beeren garnieren.

Der Biskuit kann bis zu 4 Wochen im Voraus zubereitet und eingefroren werden. Die Schokoladensahne kann am Tag vor dem Aufschlagen zubereitet werden. Nach dem Zusammensetzen hält sich die Torte 3 Tage im Kühlschrank.

Fotos folgende Seiten >

Luxus-Schichttorte mit gewelltem Vollmilchdekor

SCHOKOLADENTEIG

Pflanzenöl-Spray zum Einfetten
420 g Mehl, Type 405
105 g Kakaopulver
15 g Backnatron
1 TL Backpulver
420 g Zucker
1 TL Salz
115 ml Kokos- oder Pflanzenöl
100 g verquirltes Ei
120 ml Buttermilch
1 TL Vanillepaste
120 ml heißes Wasser

GANACHE

540 g Konditorsahne (35 % Fettgehalt)
1 TL Vanillepaste
60 g Glukosesirup
1 kg hochwertige Vollmilchschokolade, Kakaobutter mind. 30 %, gehackt oder als Pellets

KAKAOSIRUP ZUM TRÄNKEN

100 g Zucker
1 TL Vanillepaste
1 EL Kakaopulver

VOLLMILCHDEKOR

250 g hochwertige Vollmilchschokolade

Diese Torte prunkt geradezu schamlos mit jeder Menge Schokolade. Üppiger geht es kaum! Böden aus verführerischem dunklen Teig werden mit einem Kakaosirup bestrichen, mit cremiger Ganache geschichtet und mit Vollmilch-Wellen garniert. So sieht eine majestätische Torte aus.

Den Backofen auf 150 °C (Umluft) vorheizen. Zwei runde Backformen (Ø18 cm) mit Pflanzenöl einsprühen und mit Backpapier auslegen.

Mehl, Kakaopulver, Backnatron und -pulver in eine Schüssel sieben, Zucker und Salz hinzufügen und beiseitestellen.

Kokosöl, Eier, Buttermilch (siehe Tipp Seite 200) und Vanille in der Rührschüssel einer Küchenmaschine mit einem Schneebesen auf hoher Stufe 1 Minute aufschlagen.

Die trockenen Zutaten einrühren, bis sie sich gerade verbunden haben. Während des Rührens langsam und stetig das heiße Wasser angießen.

Den Teig gleichmäßig auf die beiden vorbereiteten Backformen verteilen und 50–55 Minuten im Ofen backen, bis an einem mittig eingestochenen Stäbchen keine Teigreste mehr haften.

Die Kuchen auf Zimmertemperatur abkühlen lassen, dann mindestens 1 Stunde in das Gefrierfach stellen.

Mit einem Sägemesser die Oberseiten der abgekühlten Kuchen gerade abschneiden, dann jeden Kuchen quer in drei gleich dicke Böden schneiden, dann weiter tiefkühlen (siehe Tipps Seite 200).

Für die Ganache Sahne, Vanille und Glukosesirup in einem Topf bei mittlerer Hitze unter Rühren zum Kochen bringen.

Inzwischen die Schokolade in einer mikrowellengeeigneten Plastikschüssel auf höchster Stufe in Intervallen von 30 Sekunden in der Mikrowelle erhitzen, bis sie zur Hälfte geschmolzen ist. Zwischendurch umrühren.

Bitte umblättern >

SO GELINGT'S

- > Wenn Sie den Teig von einer Seite zur anderen durchschneiden, können ungleichmäßige Böden entstehen. Bringen Sie stattdessen Markierungen auf Schnitthöhe an den Seiten an und schneiden Sie, während Sie den Kuchen drehen, bis Sie die Mitte erreichen.
- > Wer einen Ersatz für Buttermilch braucht, kann 120 ml Milch mit 1 TL frisch gepresstem Zitronensaft verrühren und vor der Verwendung 5 Minuten stehen lassen.
- > Die geschnittenen Teigböden wieder ins Gefrierfach legen. So lassen sie sich leichter verarbeiten.
- > Die Ganache darf vor dem Schichten der Torte nicht zu fest werden.
- > Den letzten Teigboden kopfüber auf die Torte legen, damit deren Oberfläche schön gerade wird.

… NOCH BESSER

- > Sie können das Dekor zusätzlich mit essbarem Goldpulver bestreuen.

Die heiße Sahnemischung über die Schokolade gießen und rühren, bis die Schokolade vollständig geschmolzen und eingearbeitet ist.

Mit Frischhaltefolie abdecken (direkt auf der Oberfläche) und etwa 3 Stunden bei Zimmertemperatur stehen lassen, bis die Ganache fest, aber noch streichfähig ist.

Für den Sirup 100 ml Wasser mit Zucker und Vanille in einem Topf bei starker Hitze zum Kochen bringen.

Sobald sich der Zucker vollständig aufgelöst hat, vom Herd nehmen, das Kakaopulver mit dem Schneebesen einrühren, bis keine Klümpchen mehr vorhanden sind. Beiseitestellen und vollständig abkühlen lassen.

Für das Dekor die Schokolade in einer mikrowellengeeigneten Plastikschüssel in Intervallen von 30 Sekunden auf höchster Stufe in der Mikrowelle erhitzen, dabei zwischendurch umrühren. Wenn etwa die Hälfte der Schokolade flüssig ist, kräftig umrühren, bis die restliche feste Schokolade geschmolzen ist. Falls sich einige Stücke nicht auflösen wollen, diese unter Rühren mit einem Föhn erwärmen, bis sie schmelzen.

Eine kleine Menge der temperierten Schokolade in einer dünnen Schicht auf einer gekühlten Steinplatte oder einer glatten, kalten Arbeitsfläche verteilen. Die Schokolade mit einem Spatel hin und her bewegen, bis sie anfängt, matt zu werden.

Die Schokolade mit einem Metallschaber oder einer Messerklinge von der Platte schaben, sodass unterschiedlich geformte Wellen entstehen.

Bei Zimmertemperatur fest werden lassen.

Zum Zusammensetzen den ersten Teigboden auf eine Servierplatte legen. Die Oberfläche großzügig mit dem Kakaosirup einpinseln und so tränken.

Ein Sechstel der Ganache-Masse auf dem Teigboden bis an den Rand verteilen.

Weitere Böden im Wechsel mit Ganache auf die Torte schichten.

Die fertige Torte mit dem Schokoladendekor garnieren.

Die fertige Torte hält sich im Kühlschrank etwa 5 Tage.
Zum Servieren sollte sie Zimmertemperatur haben.

Fotos folgende Seiten >

Biskuitrolle mit weißer Ganache und Erdbeeren

WEISSE GANACHE

665 g Konditorsahne (35 % Fettgehalt)
1 TL Vanillepaste
25 g Glukosesirup
190 g hochwertige weiße Schokolade, Kakaobutter mind. 28 %, gehackt oder als Pellets

SCHOKOLADENBISKUIT

Pflanzenöl-Spray zum Einfetten
90 g Zucker, plus mehr zum Bestreuen
200 g verquirltes Ei, Zimmertemperatur
55 g Mehl, Type 405
30 g Kakaopulver

ZUM SERVIEREN

250 g Erdbeeren, geputzt und in Spalten geschnitten
Puderzucker zum Bestäuben

Eine Biskuitrolle mit cremig-fruchtiger Füllung ist ein beliebter Klassiker. Hier präsentiert sie sich als Kombination aus Schokoladenteig mit weißer Ganache und frischen Erdbeeren als Farbtupfer. Der luftige Teig bildet ein perfektes Gegengewicht zu der üppigen Creme. Das ist Kuchen-Nostalgie vom Feinsten!

Für die Ganache 270 g Sahne, Vanille und Glukosesirup in einem Topf bei mittlerer Hitze zum Kochen bringen.

Die weiße Schokolade in eine Schüssel füllen, dann die heiße Sahnemischung über die Schokolade gießen und mit einem Schneebesen verrühren. Die restliche Sahne mit dem Schneebesen unterrühren.

Mit Frischhaltefolie abdecken (direkt auf der Oberfläche) und die Ganache mindestens 6 Stunden in den Kühlschrank stellen.

Für den Schokoladenbiskuit den Backofen auf 190 °C (Umluft) vorheizen. Ein tiefes Backblech (24 × 37 cm) mit Pflanzenöl einsprühen. Boden und Seiten mit Backpapier auslegen.

Zucker und Eier in einer Rührschüssel mit dem Schneebesen etwa 5 Minuten auf höchster Stufe aufschlagen, bis sie schaumig sind.

Inzwischen Mehl und Kakaopulver gleichmäßig auf ein Stück Backpapier sieben.

Um zu prüfen, ob die Eimischung fertig ist, den Schneebesen anheben: Die Kleckse, die zurück in die Schüssel tropfen, sollten kurz auf der Oberfläche der Masse in der Schüssel liegen bleiben, ehe sie versinken.

Nach und nach die gesiebten Zutaten vorsichtig unter die Eiermischung heben. Den Biskuitteig auf das vorbereitete Backblech gießen und gleichmäßig verteilen, dabei darauf achten, dass nicht zu viel Luft entweicht.

Den Biskuit 8–10 Minuten im Ofen backen, bis er auf Fingerdruck leicht nachgibt.

Bitte umblättern >

PANNENHILFE

> Wenn der Biskuit beim Rollen bricht, bestreichen Sie einfach die ganze Rolle mit geschlagener Ganache, um die Risse zu verstecken.

> Wenn Sie die Ganache zu steif geschlagen haben, rühren Sie vorsichtig etwas gekühlte Sahne unter, um sie wieder geschmeidig zu machen. Wenn das nicht hilft, müssen Sie für die Torte leider nochmal ran. Die zu steife Ganache müssen Sie aber nicht entsorgen: Einfach (am besten mit einem Spritzschutz auf der Schüssel) weiterschlagen bis ein buttriger Aufstrich entsteht. Er schmeckt wunderbar zu Toast oder Pfannkuchen.

… NOCH BESSER

> Garnieren Sie die Biskuitrolle zusätzlich zu den Erdbeeren mit Wellen aus der Schokoladensorte Ihrer Wahl (siehe Seite 199).

Ein Stück Backpapier, das größer ist als die Biskuitplatte, flach auf die Arbeitsfläche legen und mit Zucker bestreuen.

Den noch heißen Biskuit auf das mit Zucker bestreute Backpapier stürzen. Vorsichtig das andere Backpapier von der Rückseite des Biskuits abziehen.

Das Ende des gezuckerten Backpapiers über die kurze Kante des Biskuits falten und das Papier zusammen mit dem Biskuit fest aufrollen. Beiseitestellen und den Biskuit auf Zimmertemperatur abkühlen lassen.

Die weiße Ganache in einer Rührschüssel mit einem Schneebesen aufschlagen, bis sie eine spritzfähige Konsistenz hat.

Den Schokoladenbiskuit vorsichtig entrollen.

Drei Viertel der aufgeschlagenen weißen Ganache gleichmäßig auf dem Biskuit verteilen, dabei mit dem zuvor eng eingerollten Ende des Biskuits beginnen und am anderen Ende einen Rand von 1 cm frei lassen.

Die restliche weiße Ganache bis zur weiteren Verwendung in den Kühlschrank stellen.

Zwei Drittel der geschnittenen Erdbeeren gleichmäßig auf der Ganache verteilen.

Vom eingerollten Rand ausgehend das Backpapier anheben und den Biskuit so fest wie möglich aufrollen, ohne dabei das Backpapier mit einzurollen.

Um die Rolle fest zu verschließen, mit einem langen Lineal gegen die Nahtstelle drücken und gleichzeitig das Backpapier unter der Rolle in die entgegengesetzte Richtung (also auf das Lineal zu) ziehen.

Die Rolle 30 Minuten in den Kühlschrank legen, dann die seitlichen Enden mit einem scharfen Sägemesser abschneiden.

Die Biskuitrolle auf eine Servierplatte legen.

Mit einem warmen Teelöffel einen Streifen der aufgeschlagenen Ganache auf der Oberseite der Biskuitrolle auftragen.

Die restlichen Erdbeeren auf dem Ganache-Streifen anordnen.

Kurz vor dem Servieren mit Puderzucker bestreuen.

Frisch gebacken lässt sich der Biskuit am besten rollen. Die fertige Biskuitrolle hält sich im Kühlschrank etwa 4 Tage.

ERGIBT 21 STÜCK

PERFEKT ALS LECKEREI ZWISCHENDURCH

SCHWIERIGKEITSGRAD: MITTEL

Orangenschnitten mit Schokoladenglasur

MÜRBETEIG

145 g Butter, plus mehr zum Einfetten
abgeriebene Schale von 4 großen Bio-Orangen
130 g Zucker
¼ TL Salz
65 g Eigelb
200 g Mehl, Type 405
20 g Backpulver

SCHOKOLADENGLASUR

1 kg hochwertige Vollmilchschokolade, Kakaobutter mind. 30 %, gehackt oder als Pellets

Mürbeteigschnitten kommen immer gut an, aber noch besser schmecken sie mit einer seidigen Schokoladenglasur. Hier wird der herrlich zarte, buttrige Teig kräftig mit Orangenschale verfeinert.

Eine quadratische Backform (22 × 22 cm) fetten und mit Backpapier auslegen.

Butter, Orangenschale, Zucker und Salz auf mittlerer Stufe verrühren, bis keine Klümpchen mehr zu sehen sind.

Das Eigelb unterrühren. Noch Mehl und Backpulver hinzufügen und so lange rühren, bis sich die Zutaten zu einem Teig verbinden. Diesen gleichmäßig hoch in die vorbereitete Form drücken und mindestens 1 Stunde in den Kühlschrank stellen.

Den Backofen auf 170 °C (Umluft) vorheizen.

Den Teig 18–20 Minuten im Ofen backen. Dann aus dem Ofen nehmen und sofort die Ränder mit einem Spatel leicht herabdrücken, um die Oberfläche zu glätten. Die Teigplatte auf Zimmertemperatur abkühlen lassen, dann aus der Form nehmen und in drei gleich große Streifen schneiden. Daraus jeweils 3 cm lange Schnitten schneiden.

Für die Glasur die Schokolade in einer mikrowellengeeigneten Plastikschüssel temperieren: auf höchster Stufe in Intervallen von 30 Sekunden in der Mikrowelle erhitzen, zwischendurch umrühren. Wenn etwa die Hälfte der Schokolade flüssig ist, kräftig umrühren, bis die restliche feste Schokolade geschmolzen ist. Falls sich einige Stücke nicht auflösen wollen, diese unter Rühren mit einem Föhn erwärmen, bis sie schmelzen.

Die gebackenen Schnitten mithilfe einer Gabel in die Schokolade tauchen, dann auf ein mit Backpapier ausgelegtes Backblech setzen. Die Oberfläche sofort mit zerknüllter Frischhaltefolie oder einem sauberen Schwamm betupfen, um sie leicht aufzurauen. Falls nötig, die Schokolade zwischendurch wieder erwärmen. Danach die Schokolade erstarren lassen.

Die Schnitten halten sich in einem luftdichten Behälter bei Zimmertemperatur (unter 25 °C) etwa 2 Wochen.

… NOCH BESSER

> Die Schnitten sehen sehr edel aus, wenn man sie mit etwas essbarem Goldpulver bestreut.

> Statt Orange eignen sich auch andere Aromen wie Vanille, Zimt oder 1 Prise Muskatnuss im Teig.

FÜR 8–10 PERSONEN

PERFEKT FÜR JEDE GELEGENHEIT!

SCHWIERIGKEITSGRAD: ANSPRUCHSVOLL

Babka mit Schokoladen-Erdnuss-Füllung

SCHOKOLADEN-ERDNUSS-FÜLLUNG

70 g Butter
65 g Zucker
20 g Kakaopulver
50 g hochwertige Zartbitterschokolade, Kakaobutter mind. 57 %, gehackt oder als Pellets
75 g stückige Erdnussbutter

HEFETEIG

75 ml Milch
30 g Zucker, plus 1 TL mehr
8 g Trockenhefe
290 g Mehl, Type 550
100 g verquirltes Ei
1 TL Vanillepaste
1 Prise Salz
50 g Butter, zerlassen und abgekühlt
Pflanzenöl-Spray zum Einfetten

SIRUP

65 g Zucker

Babka ist ein traditionelles Hefegebäck aus dem osteuropäischen Raum, von dem sich jeder am Tisch ein Stück abbricht. Ich bin begeistert von der wundervollen Schlingenform. Und die nicht so süße Füllung aus Schokolade und Erdnusskernen macht es noch viel interessanter.

Für die Füllung die Butter in einem Topf bei mittlerer Hitze zerlassen. Den Zucker hinzufügen und verrühren, bis er sich aufgelöst hat. Kakaopulver, Schokolade und Erdnussbutter mit dem Schneebesen einrühren, bis sich alle Zutaten gut verbunden haben.

Vom Herd nehmen und in eine Schüssel umfüllen. Mit Frischhaltefolie abdecken (direkt auf der Oberfläche).

Beiseitestellen und bei Zimmertemperatur abkühlen lassen, bis die Mischung eine streichfähige Konsistenz hat.

Für den Teig die Milch und 1 TL Zucker in der Mikrowelle oder in einem Topf auf Körpertemperatur erwärmen. Die Milch darf nicht zu heiß sein, weil sie sonst die Hefebakterien abtötet.

Die Hefe mit dem Schneebesen einrühren.

Die Hefemilch 5–10 Minuten bei Zimmertemperatur stehen lassen, bis die Hefe Bläschen bildet.

Inzwischen den restlichen Zucker (30 g), Mehl, Eier, Vanille und Salz in der Rührschüssel einer Küchenmaschine mit einem Knethaken verarbeiten.

Die zerlassene und abgekühlte Butter und anschließend die Milch und die Hefemilch hinzufügen. Auf niedriger Stufe 3 Minuten kneten, bis der Teig zusammenhält.

Auf mittlere Stufe erhöhen und weitere 8–10 Minuten kneten, bis der Teig glänzt und sich von der Schüssel löst.

Den Teig auf die Arbeitsfläche legen, die Ränder in die Mitte falten und den Teig umdrehen, sodass die Nähte unten liegen. Den Teig zu einer glatten Kugel rollen und in eine leicht gefettete Schüssel legen.

PANNENHILFE

> Wenn die Babka anfangs zu schnell braun wird, decken Sie sie mit Alufolie ab oder reduzieren die Backofentemperatur um 10–15 °C.

> Wenn der Teig zu weich ist, erst einmal nicht flechten. Legen Sie ihn eine Weile in den Kühlschrank oder ins Gefrierfach, bis er besser formbar ist.

NOCH BESSER

> Wer keine Nüsse verträgt, kann die Erdnussbutter durch 30 ml mildes Öl ersetzen.

Die Schüssel mit Frischhaltefolie abdecken und den Teig 1½–2 Stunden an einem warmen Platz ruhen lassen, bis sich sein Volumen verdoppelt hat.

Den Teig kurz zusammendrücken, damit Luft entweicht, dann in zwei gleich große Portionen teilen und in zwei leicht gefettete Schüsseln legen. Jede Schüssel mit Frischhaltefolie abdecken und 30 Minuten in den Kühlschrank stellen.

Eine Arbeitsfläche leicht einölen und jede Teigportion quadratisch (28 × 28 cm) ausrollen. Den Boden einer runden Springform (Ø 23 cm) mit Backpapier auslegen und den Rand einfetten.

Die vorbereitete Schokoladen-Erdnuss-Füllung gleichmäßig auf die beiden Teigplatten verteilen, dabei einen 3 mm breiten Rand frei lassen.

Jede Platte zu einem Strang einrollen. Die Stränge mit den Händen rollen und dabei langsam dehnen, bis sie etwa 40 cm lang sind. Jeden Strang der Länge nach halbieren.

Die vier Stränge miteinander verflechten, wobei die Schnittflächen nach oben zeigen. Orientieren Sie sich an den Fotos auf Seite 212.

Die Enden der Streifen nach unten einstecken und die Babka in die vorbereitete Form legen.

Die Form mit Frischhaltefolie abdecken und den Teig 1½ Stunden bei Zimmertemperatur gehen lassen. Den Backofen später auf 160 °C (Umluft) vorheizen.

Die Frischhaltefolie entfernen und die Babka 30–35 Minuten im Ofen backen.

Inzwischen für den Sirup 50 ml Wasser und Zucker in einem Topf bei mittlerer Hitze aufkochen, bis sich der Zucker vollständig aufgelöst hat.

Die fertig gebackene Babka aus der Form nehmen und die Oberfläche mit dem Sirup bestreichen. Die Babka am besten warm servieren.

Die Babka bei Zimmertemperatur aufbewahren. Sie sollte innerhalb von 4 Tagen verzehrt werden.

Fotos folgende Seiten >

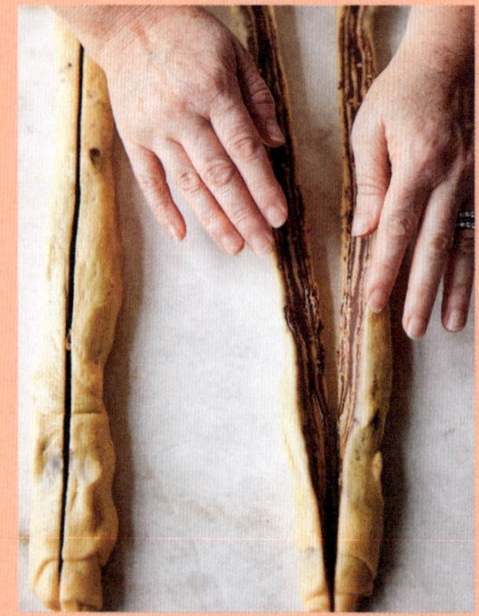

Dank

Ich bin unendlich dankbar, dass ich an diesem Projekt mit einem so talentierten und leidenschaftlichen Team arbeiten konnte. Ohne euch alle hätte ein Buch wie dieses nicht entstehen können.

Mein Dank geht zuerst an meinen Ehemann Michael und meinen Sohn Charlie. Ihr habt sämtliche Rezepte in diesem Buch probiert und eure Meinung dazu geäußert. Manchmal denke ich, Charlie muss inzwischen aus Schokolade bestehen. Vielen Dank, dass ihr mich so standhaft unterstützt und Verständnis für die vielen Stunden habt, die ich in meine Arbeit stecke.

Ein ganz besonderes Dankeschön geht an das Team von Murdoch Books. Ich weiß eure stete Unterstützung und Beratung während der gesamten Arbeit sehr zu schätzen. Danke an Jane Morrow, die meine Idee aufgegriffen und in die Tat umgesetzt hat, an Ariana Klepac für ihre Liebe zum Detail und die Begeisterung für dieses Projekt. An Megan Pigott für ihr gestalterisches Talent und ihre Liebe zur Schokolade. An Trisha Garner für das Layout und an Justine Harding für die Redaktionsleitung.

Danke an Joanne McLeod für dein großes Schreibtalent und das akribische Lektorat der Rezepte. An Elle Bullen für ihr Geschick im Umgang mit Wörtern, das uns bei der Arbeit eine enorme Hilfe war. An Alex Williams, die es mit großem Organisationstalent geschafft hat, dass ich aus jedem Tag das Maximum herausholen konnte. An Jean Kirkland, Hieu Ho und Christean Ng für eure unermüdliche Arbeit und eure Zauberei in der Küche.

Vielen Dank an Armelle Habib für die umwerfenden Fotos und Lee Blaylock für das stets treffsichere Styling. Ich bin nicht nur dankbar für eure außergewöhnlichen Fähigkeiten, sondern es war auch ein Vergnügen, mit so dynamischen Frauen zu arbeiten.

Ein besonderes Dankeschön an das Savour-Team. Andrew Agpawa und Zac Cause für die Highlights, die während dieses Projekts aufgenommen wurden, und an Ana Trupkovic, Chantelle Al Assad und Rose Marino.

Was wäre eine Chocolate Queen ohne ihre Schokoladenlieferanten? Mein Dank geht an Gary Willis und Robbie Mayers von Mayers für die treue Unterstützung. Danken möchte ich auch Callebaut Chocolate, Bulla Family Dairy, UNOX Ovens, Tomkin und Heilala Vanilla. Die Zusammenarbeit mit euch weiß ich sehr zu schätzen. Danke an Gary Isherwood, Ty Pryor und das wunderbare Team von Stone Ambassador für die hinreißenden Hintergründe und die schönen Steine.

Herzlichen Dank sage ich auch meinen Fans und Klienten für ihre langjährige Treue. Mit eurer Neugier habt ihr mich auf meiner Reise durch die Welt der Schokolade stets beflügelt, und ich hoffe, ich kann euch zu eigenen Erfindungen und Entdeckungen inspirieren.

Register

W

Z

DK | Penguin Random House

Für die deutsche Ausgabe:
Verlagsleitung Monika Schlitzer
Programmleitung Heike Faßbender
Projektbetreuung Carmen Brand
Herstellungsleitung Dorothee Whittaker
Herstellungskoordination Katharina Schäfer
Herstellung und Umschlaggestaltung
Sabine Hüttenkofer

Übersetzung Wiebke Krabbe
Lektorat Annika Genning

Titel der englischen Originalausgabe: *Chocolate all Day*

Der Originaltitel erschien 2023 in Australien bei
Murdoch Books Australia, ein Imprint von Allen & Unwin.

Rezepte und Texte Kirsten Tibballs
Fotografie Armelle Habib
Design Megan Pigott, Trisha Garner
Foodstyling Lee Blaylock

ISBN 978-3-8310-4986-8

Druck und Bindung C&C Offset Printing

MIX
Papier | Fördert gute Waldnutzung
FSC www.fsc.org FSC® C008047

www.dk-verlag.de

Hinweis
Die Informationen und Ratschläge in diesem Buch sind von der Autorin und vom Verlag sorgfältig erwogen und geprüft, dennoch kann eine Garantie nicht übernommen werden. Eine Haftung der Autorin bzw. des Verlags und seiner Beauftragten für Personen-, Sach- und Vermögensschäden ist ausgeschlossen.

Ofentemperaturen
Soweit nicht anders angegeben, beziehen sich die Temperaturen für den Backofen auf Umluft. Bei Ober- und Unterhitze erhöht sich die Temperatur um etwa 20 °C. Beachten Sie hierzu gegebenenfalls auch die Angaben des Ofenherstellers.

Löffel
1 TL entspricht 5 ml, 1 EL 20 ml (4 TL). Falls Ihr Esslöffel nur 15 ml fasst, müssen Sie die nötige Menge pro angegebenen Esslöffel um 1 TL erhöhen.

Über die Autorin

Kirsten Tibballs ist eine weltbekannte Konditorin und ganz besonders für ihre Leidenschaft für Schokolade bekannt. Sie ist der Star der australischen Kochshow *The Chocolate Queen*, die in 40 Länder übertragen wird und inzwischen bereits in die vierte Staffel geht, außerdem tritt sie regelmäßig in der australischen Version von *MasterChef* auf. Beim *Patisserie Grand Prix* in Japan und den Nationalen Vorauswahlen der *World Chocolate Masters* in London war Kirsten Tibballs Teil der Jury, bei der Endrunde 2022 in Paris sogar Jury-Präsidentin. Kirsten Tibballs ist Markenbotschafterin des traditionsreichen belgischen Schokoladenherstellers Callebaut.